ラディカルに学ぶ『資本論』

森田成也［著］
Seiya Morita

柘植書房新社

【凡例】

一、本書は、二〇一一年以降に行なった講演や書評、解説などを集めたものであり、収録に当たって大幅に加筆修正・削除などを行なっている。
二、「はじめに」と最後の第6章だけは書き下ろしである。
三、本書の章表記だけ、「第1章」「第2章」というようにアラビア数字を用い、他の諸著作（『資本論』など）の章表記と区別した。
四、本書で引用されている『資本論』（大月書店）や『マルクス・エンゲルス全集』（大月書店）などからの訳文は適時修正されている。
五、引用文における強調は基本的に引用者によるものである。

ラディカルに学ぶ『資本論』／目次

はじめに

世界はいま大きな転換点に差しかかっているように見える。一九七〇年代末から一九八〇年代初頭にかけて始まった新自由主義と緊縮政策の三十数年間は、各国で社会的・経済的不平等を極端に拡大し、貧困を世界的に急増させ、抑圧と暴力、戦争とテロを世界中に拡散した。その間に起きた「社会主義」諸国の崩壊と再資本主義化は、「資本主義以外の道はない」という観念を支配的にし、新自由主義的資本主義の野放図な展開を可能にした。

貧困の撲滅を掲げる国際NGO団体オックスファムが二〇一六年初頭に発表した数字は世界に衝撃を与えるものだった。世界の最富裕層一%が保有する資産は残る九九%の保有する資産よりも多く、最上位六二人が所有する富は下位三二億人の所有する富と等しいというのだ。先進国でも発展途上国でも貧困は増大し、雇用は悪化し、社会は不安定化し、若者の非正規雇用と失業とが膨れ上がっている。大企業や高所得者の税負担率は下がり続けているのに、一般庶民や貧困者向けの福祉や教育予算は年々削られている。これほど大規模に富が貧しいものから豊かなものへと移転した時代は歴史上なかった。

それ以上に大きな衝撃を与えたのは、同じ二〇一六年に暴露されたパナマ文書だった。世界中で国家の財政赤字を理由に福祉や教育予算が大幅に削減され、何億もの人々が最低賃金かそれ以下の収入しか得ていない時に、世界中の大金持ちと大企業・大銀行が何百兆円という巨額の資産をケイマン諸島などのタックスヘイブンに逃避させ、支払うべき税金を支払っていない事実が個別の企業名や個人名を含めて暴露されたのである。金持ちと大企業は、一般庶民や中小企業が納めた税金で建設された各種インフラや補助金を自由に使用しながら、彼ら自身は税金をほとんど支払わずにすませている。ほんのわずかな生活保護の「不正受給」に目くじらを立てる保守派の政治家たちは、その何千倍、何万倍もの税金逃れにはまったく無関心であり、むしろそれを擁護している。何という恥知らずな転倒だろうか？　金持ちが貧乏人を養うのではなく、貧乏人が金持ちを養っているのだ（だがそれこそ実は資本主義の本質そのものではないだろうか？　資本が賃金でもって労働者を養っているのではなく、労働者が自分たちの生み出す剰余価値でもって資本を養っているのだから）。

多くの人々は、痛みに我慢して「改革」を受け入れていればやがて報われる日が来るという為政者たちの言葉を信じて我慢を積み重ねてきたが、報われる日はやって来ず、ただ極端に富の偏重が生じただけであった。二〇〇八年の金融恐慌は、偏りすぎた世界的な富のシステムが暴走し破綻するに至ったことを世界中に示した。英米で本格的な新自由主義政権が発足してからちょうど三十年目に当たる二〇一一年は、転換の年だった。中東やヨーロッパ各地で民衆反乱が起き、アメリカでは「われわれは九九％だ」を掲げたウォールストリート占拠が世界中に衝撃を与え、この日本でも史上最大級の原発事故を受けて数万人が官邸前に抗議に集まった。

それ以降、さまざまな紆余曲折を経ながらも、世界の流れは確実に新自由主義と緊縮政策の時代から反新自由主義・反緊縮政策の時代へと変化しつつある。資本主義における格差の拡大を告発したピケッティの分厚い著作が世界的にベストセラーになったこと、反緊縮を掲げたギリシャのシリザ、スペインの急進左派の新興勢力ポデモスが選挙であいついで大躍進を遂げたこと、新自由主義の祖国であるイギリスでも、反緊縮を正面から掲げる左派のスコットランド国民党が躍進し、ブレア政権の時には新自由主義を熱心に推進した労働党において急進左派のジェレミー・コービンが党首に選ばれたこと、もう一つの新自由主義の祖国アメリカでも民主的社会主義者を名乗るバーニー・サンダースが民主党の大統領候補として驚くほどの支持を獲得したこと（最終的には大統領候補者になれなかったとはいえ）などは、マスコミでの報道を通じてよく知られていることである。そしてこうした動きを熱心に支持し積極的に参加しているのは、年老いたオールド左翼だけではなく、若者たちなのである。

こうした時代にあって、マルクスの『資本論』は歴史上何度目かの復活を遂げつつある。何よりも、資本主義的生産様式においては、一方の極における富と浪費の蓄積と他方の極における貧困、抑圧、暴力の蓄積とが不可避的に進行することを予言したのは、『資本論』ではなかったか？

今こそ、時代の息吹とともに、新鮮な目で改めて『資本論』をラディカルに学ぶことが求められている。本書はそうした視点から、二〇一一年以降にさまざまな学習会や講演会で行なった講義や、翻訳書の解説や書評などをまとめたものである（収録に当たっていずれもかなりの加筆修正を施してあり、最後の第6章だけは書下ろしである）。

「ラディカルに学ぶ」の第一の意味

ところで、「『資本論』をラディカルに学ぶ」とはどういう意味だろうか？　私はこの言葉に二つの意味を込めたいと思う。一つは、現代日本社会あるいは現代世界を根底から理解し、それを変革する視点から『資本論』を学ぶという意味である。そもそも、マルクスが、その最初の草稿である「経済学批判要綱」から数えて十年もの年月をかけて『資本論』を執筆したのは、何よりも当時における資本主義世界（まだ西ヨーロッパと北アメリカにほとんど限定されていたが）を根底から理解し、それを変革し、自由な生産者の協同社会（アソシエーション）を建設するための「批判という武器」を提供するためであった。つまり世界をさまざまに解釈するためだけでなく、世界を変革するためであった。

たしかに、今日の資本主義は、マルクスの時代の資本主義から大きくその姿を変貌させた。その範囲も、西ヨーロッパと北アメリカのみならずロシアや日本からインド・中国や南アメリカやアフリカにいたるまで広がり、資本主義は文字通り、「自己の姿に似せて世界をつくり上げた」。その間に、帝国主義の台頭と世界の植民地化、二度の世界戦争とホロコーストを経て、戦後には核軍拡競争と東西冷戦の悪夢のもとでとはいえ、先進国において広範に福祉国家体制が成立し、持続的に貧富の格差が縮小していく一時代が訪れた。この時代、下からの労働者・市民の運動と上からの社会民主主義政権の政策とがあいまって、労働者や社会的弱者に対する制度的・法的保護が拡大し、インフレを伴いつつも賃金も持続的に上がり、労働時間も短縮し、高い累進課税と法人税のもとで富の再分配が進み、国民的福祉がしだいに充実していった。しかし、この時代は長続きせず、すでに述べたように、一九八〇年代以降に資本主義世界は弱肉強食の新自由主義の時代に入り、とくに冷戦が終結した一九九〇年代以降にはほとんどすべての国で新自由主義が席巻するようになった。こうして今日では、各国によって多少の違いがあるとはいえ、マルクスの時代にも似た貧富の格差の持続的拡大と弱肉強食の時代が再び訪れるようになっている。とくにこの日本ではその傾向が顕著である。

　こうした時代にあって、資本主義の基本メカニズムを明らかにした『資本論』をはじめとするマルクスの理論的遺産は再び脚光を浴びつつある。資本主義はその姿を大きく変えその範囲を著しく広げたとはいえ、その運動の基本メカニズムは変わっていないからだ。貧富の拡大も弱肉強食の論理も、資本主義にとって外的な諸事情から生じたのではなく、資本主義の本質そのものから生じたものであるということは、今日ではマルクスの時代よりもいっそう深く実証されている。なぜなら、もし資本主義にとって外的な事情から貧富の格差の拡大や弱肉強食の論理が生じたのならば、一九五〇年代以降の、貧富の格差が是正された一時代がそのまま永続することもできたはずだからである。だがこの時代はわずか三十〜四十年で過ぎ去った。そしてこの時代を終わらせる主要な原動力となったのは大企業や金持ちであり、彼らの利害を代表する右派イデオローグ、保守政治家や保守・右翼政党であった。つまりは、大資本とその代弁者たちが福祉国家体制に宣戦布告し、その体制をしだいに掘り崩していったのである。

　この今日も継続されている「階級戦争」において、『資本論』は再び世界を根底から理解しそれを変革するための「武器」としてラディカルな意義を帯びはじめている。これが「資本主義をラディカルに学ぶ」と言った場合の第一の意味である。

「ラディカルに学ぶ」の第二の意味

だがこの「武器」は、そうは言っても百五十年以上も前の武器である。そこかしこで錆びており、うまく働かない部分もあるし、何よりも敵ははるかに複雑で巨大になっている。それを批判的に解明する手段の方もまた、現代の強大な敵の力に見合った「武器」へとその威力と射程距離と精度を高めていかなければならない。われわれの生きている世界を根底から理解しそれを変革するという意味での「ラディカル」さは、『資本論』そのものに対しても発揮されなければならない。

『資本論』はたしかに資本主義の基本メカニズムを明らかにした。その功績は不滅である。しかし、それはあくまでも産業資本主義の前期段階に書かれたものであって、その後の資本主義の壮大な発展過程は萌芽的にしか知られていなかった。生産様式の発展に関しても、技術の発展に関しても、貨幣や金融システムの発展に関しても、国家と経済との関係に関してもそうである。マルクスの天才をもってしてもその発展の広大な射程を十分に見通すことはできなかったし、それも当然である。さらに、マルクスの時代の産業資本主義を前提したとしても、『資本論』がそれを余すところなく解明したわけではない。『資本論』が自己に課した限定を踏まえたとしても、その分析は必ずしも十分ではない。あらゆる科学がそうであるように、偉大な先人の分析は修正され、部分的に否定され、あるいはいっそう拡張され、深化させられなければならない。それゆえわれわれは『資本論』に対しても、それを所与の完成されたものとみなさず、変化と発展に開かれたものとして、ラディカルな姿勢を堅持しなければならない。これが「『資本論』をラディカルに学ぶ」ということの第二の意味である。

こうして本書は、マルクスの『資本論』のあれこれの側面、その成り立ちを解明しつつ、『資本論』そのものをアップ・トゥ・デートし、『資本論』のうちに示唆された論理をいっそう拡張し延長させることで、それをより開かれたものへと発展させようとしている。本書では、この作業を、資本蓄積論、恐慌論、労働日論、相対的剰余価値論、最低賃金論、相対的過剰人口論などに即して行なっている。しかし、これらは、学習会や翻訳書の解説など、その時々の必要や要請に応えて行なわれたものであって、断片的なものにすぎない。より系統的なものとしては、筆者が大学での講義用に執筆した『マルクス経済学・再入門』(同成社、二〇一四年)を参照していただきたい(だがそれもまだ初歩的なものだ)。

この学びの道はまだまだ足が踏み出されたばかりである。『資本論』という山脈は巨大であり、そこからなお先に続く山並みはいっそう峻険で入り組んでいる。それを読み直すたびに新しい論点に気づいたり、古い論点が新しい姿をもって浮かび上がったりする。筆者は今後ともこの歩みを続けていくつもりである。本書は、その最初の一端を読者に報告するものでしかなく、それを通じて読者のみなさんとともにこの山道を少しずつ登っていきたいと思う。

(二〇一六年六月)

第1章　水で薄めない入門書

――ハーヴェイ『〈資本論〉入門』を読む

本稿は、二〇一一年に翻訳が出版されたデヴィッド・ハーヴェイの『〈資本論〉入門』（作品社、二〇一一年）の訳者解題に大幅な加筆修正を施したものである（とくに相対的剰余価値論のくだり）。また当初の解題では「『資本論』のさらなる理解のために」と題して、その他の参考になる『資本論』関連書を紹介しておいたが、今回の収録にあたってその部分は割愛した。また翻訳に関する解説も省略した。

この解説では、『資本論』における「労働日」章の理論的重要性を力説しておいたが、それについて詳しくは私の『資本と剰余価値の理論』（作品社、二〇〇八年）を参照にしてほしい。また、この「労働日」論を欠いた「要綱」からそれが大きく取り上げられるようになる一八六一～六三年草稿へ、さらにそれが決定的な核心をなしている『資本論』へとマルクスの叙述がしだいに発展していく過程において、エンゲルスの『イギリスにおける労働者階級の状態』が直接的に影響を及ぼしたことについては、第6章「マルクスの『資本論』とエンゲルスの『イギリスにおける労働者階級の状態』」を参照にしてほしい。

なお、ハーヴェイの『〈資本論〉入門』には続編があり、邦訳は『〈資本論〉第二巻・第三巻入門』（作品社、二〇一六年）として出版されており、同書に私が付した解説も参考にしてほしい。

本書『〈資本論〉入門』は著名な経済地理学者であるデヴィッド・ハーヴェイが三十年以上に及ぶ『資本論』講義の成果を踏まえて、『資本論』の第一巻「資本の生産過程」を論じた入門書である。入門書と言っても、各所でかなり濃密な議論が展開されており、いわば水で薄めない入門書であると言える。

一九八〇年代以降に吹き荒れた新自由主義化の暴風雨（それは今日でもまだまったく衰えていない）によって生じた巨大な格差と貧困、それと同時進行した金融資本主義化とその必然的帰結である二〇〇八年の世界金融恐慌、そしてこの新自由主義に対する民衆の大規模な抵抗の現われとしてのラテンアメリカ革命（最近の中東革命も単なる反独裁の革命ではなく、その独裁政権が一貫して進めてきた新自由主義化に対する民衆的決起でもある）、これらの巨大な衝撃のもとで、世界的にマルクスやマルクス主義に対する関心が復活し、二〇〇八～〇九年には日本の出版界でもちょっとしたマルクス・ブームが到来した。しかし、こうしたブームにタイミングよく乗れるのはつねに、即興的に市場の需要に応えることのできる安直な便乗本である。地道で真面目な研究や本格的な入門書の類は、このようなブームの短命なリズムとは相入れず、そこに間に合うことはまずない。したがって、日本でも欧米でも、本格的な『資本論』入門書やマルクス研究書が現われはじめるのはようやく二〇一〇年になってからのことである。

今回翻訳したデヴィッド・ハーヴェイの『〈資本論〉入門』はその最初の成果である。ハーヴェイは経済地理学者として著名であるが（著者ハーヴェイについて詳しくは『新自由主義――その歴史的展開と現在』、作品社、二〇〇七年、の訳者解題を参照）、同時に、一九八〇年代初頭には今でも英米圏における『資本論』研究の最高峰の一つとして名高い『資本の限界』（邦訳は、『空間編成の経済理論――資本の限界』上下、大明堂、一九八九～九〇年）という大著を出版し（新版が二〇〇七年に出ている）、その後、各地の大学や労働者サークルなどで三十年以上にわたって『資本論』の講義を行なってきた『資本論』の専門家でもある。彼は、経済地理学特有の諸概念や方法論（その中にはハーヴェイ独自のものも多い）と、マルクスの『資本論』に対する深い理解とを結合させて、経済地理学にも『資本論』理解にも重要な革新を成し遂げた。とくに、ローザ・ルクセンブルクの研究を通じて、また一九八〇年代以降のマルクス主義フェミニズムの動向、一九九〇年代以降の新帝国主義および新自由主義の研究を通じて獲得された、「略奪による蓄積」という概念が、『ニューインペリアリズム』（翻訳は青木書店、二〇〇五年）や『新自由主義』においてのみならず、本書でも、『資本論』に深く内在しつつ、あるいはそれを発展的に補完する形で展開されている（この点については後述）。また、欧米の、とくに英語圏の研究者にあっては、マルクスに好意的な学者でも、弁証法と労働価値説には否定的な人が多い中で（分析的マルクス主義はその代表例）、ハーヴェイはそのどちらをも積極的に受け入れている点が特徴的である。もちろんその受容の仕方は、本書を読めばわかるように、教条的なものでも機械的なものでもなく、ハーヴェイ独自の理解の仕方を通じた個性的なものである。

1、『資本論』の批判的入門書

言うまでもなく、『資本論』はそれ自体がきわめて長大な作品であり、その体系的な論述には多くの論点が存在し、これまで膨大な論争が世界各地で繰り広げられてきた。『資本論』研究の厳密さと詳細さにかけては世界一とも言えるこの日本では、なおいっそう膨大な論争の蓄積があり、とくに一九八〇年代以降は『資本論』草稿の精緻な読解を通じた研究が積み重ねられてきた。したがって、それらの論点や論争に一通り触れて論じるだけでも、数冊の分厚い著作が必要になるだろう。それゆえ、一冊の入門書としての分量的制限からしても著者個人の能力からしても、あるいはその問題関心や好みの偏りからしても、当然にも多くの論点の欠落が存在するし、『資本論』の各章に関する議論や理解度の濃淡が出ざるをえない。本書は十分に厚みのある入門書であるが、それでもそれが取り上げている論点は部分的なものである。

おそらく日本の読者で一定『資本論』研究に通じている人が本書を読むならば、最初の商品・貨幣章の議論があまりにも簡単であることに不満を覚えるかもしれない。日本では、この箇所に対する異常なまでに強い関心が戦前から存在し、戦後もさまざまな著名な学者・研究者の数々の論争を通じて、実に膨大な研究の蓄積がなされてきた（過剰と言えるほどに）。しかし、ハーヴェイは、序章を見てもわかるように、その方面にはあまり関心を持ってはいない。一般学生や労働者に長年講義してきた経験からしても、最初の数章にあまりにも膨大なエネルギーを費やすのは不効率であり、あまりに衒学的である。この方面に強い関心がある人は、日本の一連の研究書を手に取る方がいいだろう。

ハーヴェイ自身の叙述も最初の数章に関しては、ややもたついている感がある。しかし、議論が、実際に資本主義的生産過程の内部に入ってくると（本書では第四章以降）、ハーヴェイのペンはがぜん冴えてくる。労働過程の弁証法、労働日をめぐる階級闘争、相対的剰余価値を抽出する階級戦略、資本の蓄積過程と貧困の増大、そして最終章における恐慌と危機の諸論点などにおいては、叙述は非常に生き生きとしていて、どんどん読み進めることができる。『資本論』の精緻な叙述と、現在および過去における資本主義社会の現実の姿とを往復運動しながら、ときに『資本論』のアクチュアリティを確認し、ときに『資本論』の限界とその発展方向を示唆する。それは、『資本論』の解説や手引きとして抜群におもしろいだけでなく、単独の著作としても十分に刺激的なものである。

日本の経済原論の教科書にありがちな、『資本論』の記述を絶対化して教条的にその解説を淡々と無味乾燥に展開するようなものとは、まったく異なるスタイルが取られている。日本では、『資本論』研究者の多くは、『資本論』を教条化してその「正しい」解釈に過剰にこだわるか、あるいは、宇野派に見られるように別の教条体系にもとづいて『資本論』を解釈ないし修正するかのどちらかであった。他方、従来の教条主義の枠組みを出ようとする試みがなされる場合には、今度は何ゆえか労働価値説そのものの否定へと行きつくのも、日本における『資本論』研究のありがちなパターンであった。だがハーヴェイの研究はそのどちらでもない。『資本論』ないしマルクス経済学の基本原理である労働価値説と剰余価値論（および弁証法）を批判的に受け継ぎつつ、あれこれの命題や論理展開において『資本論』の精神と資本主義世界における生きた現実とにもとづいて批判的修正と批判的解釈（解釈的再構築）とを試みている。議論の精緻さに関しては日本の『資本論』研究に劣る部分があるとしても、『資本論』の世界をダイナミックに論じるスタイルは新鮮である。

読者によっては、ハーヴェイが試みた修正や批判には大いに異論があるだろうし（たとえば「資本の有機的構成の高度化」法則の否定）、それは健全なことである。『資本論』が聖典などではなく社会科学の書であるならば、それは科学的に修正発展させられなければならないのであって、その試みは同じだけ絶対的な権威を持った別の一個人によってなされるのではなく、集団的かつ相互批判的になされなければならないからである。重要なのはそうした自覚を持って『資本論』に実際に取り組むことであり、本書はその集団的努力を構成する一つの歯車にすぎない。

2、『資本論』を読み解く二つの基軸（1）――階級闘争と絶対的剰余価値論

ハーヴェイはさまざまな論点を提示しているが、ここではハーヴェイが『資本論』を読み解くうえで用いている二つの主要な理論的基軸についてのみ簡単に見ておこう。一つは階級闘争であり、もう一つは「諸契機の弁証法」である。

階級闘争と労働日論

日本の『資本論』解説や『資本論』研究の類では階級闘争の契機はほとんど重視されない。宇野理論では階級闘争は最初から原論の外部に位置づけられている。『資本論』研究におけるこの「階級闘争嫌い（階級闘争フォビア）」は日本の『資本論』研究に非常に特徴的なものであり、日本では「階級闘争史観」という言葉が侮蔑語として用いられているほどである（欧米ではむしろマルクス派の

社会学・経済学とは階級闘争の契機を重視する潮流のことである）。階級闘争に言及される場合も（たとえば労働日論）、それはただ、競争の場合と同じように、資本主義の内的法則の単なる執行者とみなされる。科学的であるとは、階級闘争のような「外在的」契機の影響をできるだけ排除して純粋に資本主義的生産様式の内的諸法則を確定することだという思い込みが根強くあるように思われる（ブルジョア経済学者と同じメンタリティ）。だが自然法則と違って、生きた現実の社会システムが問題となる場合には、人間の行動、とりわけ階級という生産内在的な集団の行動と無関係に何らかの法則を確定することなどできないのである。

資本の運動の核心に位置するものとしての階級闘争は、まず何よりも剰余価値一般である絶対的剰余価値の生産をめぐって決定的な役割を果たしている。それゆえハーヴェイは、とりわけ「労働日」章（絶対的剰余価値論）の分析において、この階級闘争を基軸に据えて労働日を論じている。急進主義の単なる表出のためではなく、資本主義的生産様式の内的諸法則の単なる補完的要素としてでもなく、剰余価値生産の本質とその現実の展開過程を明らかにする核心に位置するものとして、階級闘争が取り上げられている（ただし階級闘争還元論ではない）。剰余価値の抽出と階級闘争とは不可分であり、両者は相互に結合して一個の生きた原動力をなしている。社会的必要労働時間の物象的表現としての価値、その労働時間の一部に対する強制的領有としての剰余価値、その剰余価値をめぐる集団的抗争としての階級闘争、この三者は相互に深く結びつきながら資本の運動の最深部におけるダイナミズムを構成している。労働価値論の真価が発揮されるのは、まさにこの労働時間をめぐる攻防が生き生きと展開される「労働日」章においてなのであり、ここにおいて初めて、最初のうちは先験的な命題にしか見えなかった労働価値論の真の意義が明らかになるのだとハーヴェイは考えている。階級闘争は競争などとは違って捨象不可能なものである。もし階級闘争を捨象するなら、剰余価値論はまったく無味乾燥でひからびた抽象物に堕する。それは、『資本論』の精神を破壊し、その生き生きとした生命力を失わせるだろう。資本主義システムの経済理論において階級闘争が有するその中心的位置について、ハーヴェイは次のように述べている。

> 階級闘争を議論に導入したことは、古典派および現代の経済理論双方の教養からの根本的な断絶を画すものである。それは、経済を叙述する言語を根本的に変え、関心の焦点をシフトさせる。経済学の入門講座では、労働日の長さの問題が重大な問題として焦点を当てられるようなことはまずない。この問題は古典派経済学においても論じられなかった。だが、歴史的には、労働日の長さ、週労働日数、年労働日数（有給休暇）、生涯労働年数（退職年齢）をめぐる画期的で持続的な闘争があったのであり、この闘争は今日もなお続いている。これは明らかに、資本主義の歴史における根本的側面であり、資本主義的生産様式における中心的問題である。これを無視するような経済理論がいったい何の役に立つだろうか？……時間に対する統制、とりわけ他人の時間に対する統制をめぐって、集団的闘争がなされなければならない。……階級闘争はそれゆえ、経済理論における中心舞台に位置づけられるべきものであり、したがってまた、資本主義の歴史的・地理的発展を理解するあらゆる試みの核となるべきものである。（『〈資本論〉

入門』、二二二〜二二三頁)

「これ(階級闘争)を無視するような経済理論がいったい何の役に立つだろうか」、この問いは日本の『資本論』研究者(とくに宇野派)の多くに突き刺さる言葉であろう。

「要綱」から『資本論へ』

ところで以上の点を、『資本論』成立史に則して簡単に補足説明しておこう。日本にも欧米にも、『資本論』より「経済学批判要綱」(以下、「要綱」と略記)の方を高く評価する人々が少なからず存在する(アントニオ・ネグリはその代表格)。たしかに、最初の本格的な『資本論』草稿である「要綱」には独自の魅力があり、『資本論』ではあまり展開されていないようなさまざまな論点が積極的に展開されているし(とくにハーヴェイが重視している資本の空間的・地理的運動)、『資本論』では後景に退いているような哲学的・論理学的考察がしばしば前面に出されている。ピカソの「ゲルニカ」のように、偉大な画家が長い月日をかけて巨大なキャンパスに大作を描き上げるとき、何十枚、何百枚もの部分スケッチや習作を描くが、それらのスケッチや習作は、完成品の隠された意図や意味を浮き彫りにさせてくれるだけでなく、しばしばそれ自体として独自の芸術的価値がある。「要綱」もまたそうした意義をもっている。しかし、それでもやはり、マルクスは「要綱」執筆の時点から『資本論』初版刊行までの十年間(それはマルクスの生涯において、数々の病気と貧困にもかかわらず最も経済理論に集中しえた時期だった)に、巨歩の理論的前進を成し遂げたのであり、それは「要綱」独自の意味や魅力を十分に凌駕するものなのである。

そうした理論的前進の一つは、階級闘争が『資本論』体系において中心的なものとして位置づけられたことである。「要綱」には階級闘争はほとんど登場しておらず、資本の内的論理の自己展開論に近いものになっている。階級闘争が縦横に論じられている『資本論』とそこが決定的に違う。その典型は労働日の取り扱いに見られる。「要綱」では、労働日はその自然的・肉体的最大限まで延長されることが前提とされており、その長さをめぐる階級闘争はまったく取り扱われていない。これは、いわゆる一八六一〜六三年草稿で大きく修正され、最終的に『資本論』において、長い長い「第八章　労働日」として結実するに至る。「要綱」と『資本論』との重要な相違はいろいろあるが、その一つは間違いなく、階級闘争が決定的な役割を果たしている「労働日」章の有無なのである（ネグリは『資本論』の客観主義と『要綱』の主体性とを対比するが、実際には逆である）。

これまで日本や欧米の『資本論』入門書や解説書の類は、この「労働日」章をおおむねぞんざいに扱ってきた。だがハーヴェイはそのようなことをしていない。逆にこの章をきわめて重視し、まるまる一つの章を当てて詳細に論じている。初心者や労働者にとってはその章が比較的わかりやすいという実践的意義があるのはその通りだが（アルチュセールはフランス語版『資本論』のペーパーバック版序文で「労働日」章から読むよう労働者にアドバイスしている）、それだけでなく、労働日論の理論的意義、標準労働日の歴史的獲得の意義は、そうした水準を超えて資本主義的生産に対する理解の根幹に関わる意味を持っているのである。「労働日」章を単なる歴史的解説とみなし、その根本的な理論的意義を重視しないような『資本論』理解、マルクス理解は、それ以外にいかなる利点があろうとも、『資本論』の核心を見失うものであろう。

「略奪による蓄積」と剰余労働の強制

以上のことの意味をさらに深く理解するには、実を言うと、ハーヴェイが本書で非常に重視している「略奪による蓄積」という概念を理解しなければならない。「略奪による蓄積」は、『資本論』で主として論じられている「拡大再生産による蓄積」と違って、等価交換法則にもとづいてではなく、それを直接的に侵犯する形で労働者の富や公共的な財産や種々の私有財産を略奪することで資本が集中的に蓄積されることである。マルクスは、資本主義の生成期においてこのような略奪が国内外において広範になされ（土地の囲い込み、農民の収奪、王領や教会領の略奪、職人や封建家臣団の解体、植民地主義的略奪、奴隷貿易と奴隷労働さえも）、それが資本主義的生産様式を成立させる上で決定的であったことを明らかにしている。しかし、マルクスは、このような「略奪による蓄積」を「本源的蓄積」と呼ぶことで事実上それを資本主義の生成期に限定してしまい、いったん資本主義が十分に確立されたならば、あたかもそのような蓄積様式が後景に退くかのように論じている。しかし、実際には、『資本論』の各章において、「略奪による蓄積」としか思えないような収奪と搾取が資本主義の発展につれていっそう激しくなっていくことが言われている。とくに労働日論や機械論や貧困の蓄積論においてはそうである。そして、今日においても、このような蓄積様式が消え去っているどころか、ソ連東欧の崩壊とグローバリゼーションの発展、世界的な新自由主義化と金融資本主義化の波によって、世界各地でいっそう露骨に展開されている。このように、「略奪による蓄積」は実際には資本主義の生成期に限定されるものではなく、資本主義の全歴史を通じて継続するのであり、資本主義に本質的に伴う蓄積様式なのである。

そして、ハーヴェイが本書の第一一章で述べているように、実を言うと、形式的な「等価交換」にもとづいて剰余価値を抽出することも、「結局のところ、『略奪による蓄積』の一特殊形態」に他ならない。というのも、それは「労働過程において価値を生産する労働者の能力を疎外し領有し略奪すること以外の何ものでもないからである」(『〈資本論〉入門』、四六〇頁)。労働者に賃金として支払われるのは労働者自身がつくり出す価値の一部(労働力価値と等価な部分)でしかなく、その残りの部分は資本家によって略奪される。等価交換を出発点としているにもかかわらず、その結果は、等価なしで労働者の労働時間の一部が他者によって略奪されることへと、したがって、不等価交換へと「転回」しているのである(「転回」とは内在的に正反対物へと引っ繰り返ることを指すヘーゲル用語である)。これをマルクス経済学の世界では「領有法則の転回」あるいは「取得法則の転回」と呼んでいる。この「領有法則の転回」については日本の学界では膨大な量の論文が書かれているし、私も若い頃に二本の論文を執筆している。しかし、いずれもハーヴェイがここで提起している「略奪による蓄積」の概念を欠いているので、この転回のより深い意味が十分には理解されていない。「領有法則の転回」とは、何よりも、等価交換にもとづく資本主義的な生産・蓄積様式が現実には「略奪による蓄積」の一特殊形態に他ならないことを自ら顕示する過程なのである。つまり、形式的に等価交換に基づく本来の蓄積が一般で、「略奪による蓄積」が特、殊であるとみなされがちなのだが、実際には、「略奪による蓄積」が一般であって、等価交換に基づく蓄積がその特殊形態なのである。

しかし、本来の資本主義的蓄積様式が「略奪による蓄積」の一特殊形態にすぎないとしても、それでもそれはあくまでも「特殊」な形態なのであり、その特殊性が次に問題となる。その特殊性とは言うまでもなく、労働者が二重の意味で自由な労働者となり、自己の労働力の所有者、自由な処分者となり、その上で、貨幣ないし生産手段の所有者である資本家とのあいだで形式上の等価交換を行ない、それにもとづいてはじめて生産過程が始まる点にある。そして、この生産過程において、労働者は、自己の労働力商品に含まれている価値と等価な部分を再生産する時間（必要労働時間）を越えて労働時間をなお継続し、資本家のために剰余価値を生産することを強制される。この部分の労働時間を剰余労働時間という。この剰余労働時間の強制によってはじめて、資本家は利潤を本源的に獲得することができるのである。マルクスは、「要綱」以来、労働者による剰余労働の遂行が資本による強制にもとづくものであること、すなわちそれが強制労働であることを何度も繰り返し強調しているが、このことの強調は非常に重要である。なぜなら、そのことによって剰余価値の生産そのものが、その強制をめぐる階級的対抗関係でもあることが明らかになるからである。

労働者は、労働力商品を賃金（労働力価値の現象形態）と引き換えに引き渡し、したがってその価値生産能力を資本家に譲り渡すことによって、その労働力がそれ自身の価値を越えて作り出した価値に対する所有権をも資本家に譲り渡す。こうして、資本家は剰余価値を合法的に入手する。

そしてこの一連の過程は、商品と貨幣という物的な外皮に覆われており、封建制や奴隷制のような直接的な収奪様式とは異なって、労働者の生産したもののどれだけが実際に労働者のものになり、どれだけが資本家のものになっているのかは、目に見えないものになっている。この特殊性に注目するならば、最初から等価なしに、あるいは等価交換を直接に侵犯するような形で富ない し労働時間が略奪される通常の「略奪による蓄積」とは異なることは明らかである。

階級闘争と標準労働日の意義

しかし、問題はこれで終わりではない。まだ先がある。資本家は、労働者に対して、必要労働時間を超えて労働時間を継続することを強制するのだが、それがどこまで延長されるのかが次に問題になる。ここから「労働日」の固有の問題が始まる。もしそれが、労働力の短期的および長期的な再生産をかろうじて可能とするある一定の限度を超えて延長されるならば、それは等価交換法則そのものを直接に侵犯することになるだろう。労働者が賃金と引き換えに資本家に譲り渡す労働力商品は通常の物的商品とは異なって、人間の精神および身体と、したがって人間の人格および生命と一体であって、その肉体的・精神的限界を越えるならば労働力は不可逆的に衰退し、破壊されてしまう。標準的な生涯労働年数をたとえば四十年とすれば、労働者は自己の労働力を四十年間、健康的に維持できなければならない。一日あたりの労働力価値の大きさはこの標準労働年数を基準に算定されているからである。もし一日十五時間、十六時間といった労働時間が十年、二十年と続くならば、労働力は四十年持つのではなく二十年で使い果たされてしまうかもしれない。そうなれば、四十年を基準として年々の労働力価値が支払われているのに、労働者は生涯において二十年分の総労働力価値しか得られないことになる。これは、労働者の生存権を侵害すると同時に、等価交換法則そのものを直接に侵犯する。つまり、ある一定の最大限を超えた労働時間の延長は、本来の正常な資本主義的生産・蓄積様式を否定して、それを「略奪による蓄積」そのものへと直接転化させるのである。資本家は自己の内的な価値増殖欲と外的な「競争の強制法則」に導かれて、絶えずこの最大限を突破しようとする。それを制限する自動的なメカニズムは資本主義のうちには存在しない（その手がかりとなるものは存在するとはいえ）。とりわけ、短命の労働者に代わりうる過剰人口が大量に存在している場合にはそうである。

したがって、労働日を制限するためには、労働者階級による下からの制限と、国家権力による上からの規制（それは同時に地主や自由主義ブルジョアジーの思惑からも生じる）を必要とする。それを超えると労働力の標準的な生涯労働年数を人為的に短縮してしまうような限界以下にまでせめて労働日を短縮させること（この限界によって画される労働日を「標準最大労働日」と呼ぼう）は、本来の資本主義的生産・蓄積様式を本当の意味で成立させる決定的な契機なのである。この制限がなければ、そもそも形式的にさえ等価交換は成立していないことになるからである。

だが、労働日が標準最大労働日にまで制限されてもまだ不十分である。まず第一に、それを少しでも越えればただちに不等価交換になるような労働日は、現実に存在する労働日の多様性やむらや変動、景気循環にともなう上下運動などを考えれば、やはりまだ十分に等価交換にもとづく蓄積様式になっているとは言いがたい。第二に、労働者にとっても、ぎりぎり自己の生涯標準労働年数を可能とするような労働日では、人間としての発達に必要な自由時間がほとんど存在せず、したがって労働力の主体的所有者としての経済的・文化的自立性がきわめて不十分なものにとどまるだろう。自分の健康や生命がただ賃労働をするためにのみ維持される人生とはいったい何だろうか？　したがって、労働者にとって労働日は標準最大労働日を越えて、労働者に人間的発達の余地を与える水準にまで短縮させなければならない。この水準の労働日こそ「標準労働日」と呼ぶにふさわしいものである。

では、それを実現する原動力は何だろうか？　問題が労働者の寿命をも大幅に短縮させるような長時間労働の場合には、支配階層の中のより人道的な層（パターナリスティックな地主や官僚、自由主義的なブルジョアジーや知識人）にも一定頼ることができたが、それ以上に労働日を短縮させる場合に労働者が頼ることができるのは自分たちの集団的な階級的力のみである。このとき、階級闘争は、標準最大労働日を達成するとき以上に決定的なものになるし、その水準そのものも階級闘争の力量に依存するものになるだろう。標準最大労働日の場合は、その長さの水準は労働者の肉体的・精神的限界という客観的指標（ただしそれはきわめて柔軟で伸縮性のあるものである）が存在したが、標準労働日においてはそうではない。その長さを客観的に規定するものは資本主義的生産様式のうちには存在しない（ただしその最小限は必要労働時間であり最大限は標準最大労働日である）。それは、どれぐらいの長さの労働時間が労働者にとってまっとうで文化的であるのかをめぐる社会意識や人権意識の成熟を媒介として、最終的に階級闘争によって決定される。この標準労働日が法的に実現され（法定標準労働日）、現実の労働日がこの標準労働日と標準最大労働日のあいだにおおむね位置する場合にのみ（例外的に標準最大労働日が突破される場合があるとしても）、等価交換にもとづく本来の資本主義的生産・蓄積様式が確立されたと言えるのである。

ところが、法定標準労働日は存在しても標準最大労働日の法的規定（労働時間の上限規定）が事実上存在しない日本では、国際語にもなっている「過労死」という形で、文字通り生涯労働年数が強制的に短縮される事態が頻繁に起こりうるし、実際に起こっている。これは、「略奪による蓄積」の特殊形態がその一般的形態へと日々部分的に転化している事態だと言うことができる。ここでも、「略奪による蓄積」は資本主義の生成期に限定されるものではなく、本来の資本主義的蓄積と絡み合いながら、常にそれと表裏一体のものとして存在していることがわかる。

以上見たように、労働日をめぐる階級闘争は、資本主義的生産様式にとって、したがってその運動法則を解明する『資本論』にとって外在的であったり補足的なものであったりするどころか、その核心に位置するものであることがわかる。標準労働日が獲得され、それが実効性をもってはじめて、『資本論』が想定するような、等価交換にもとづく資本主義的生産・蓄積様式が本当に成立したと言えるのである。

3、『資本論』を読み解く二つの基軸（2）――相対的剰余価値と階級戦略

階級闘争のこのような中心性は、剰余価値一般でもある絶対的剰余価値の生産に見出せるだけでなく、その特殊な形態である相対的剰余価値の生産にも見出せる。

相対的剰余価値の生産と階級的攻防

相対的剰余価値とは、主として労働生産性の全般的上昇によって生活手段価値が全般的に低下し、それによって労働力価値が下がり、したがって必要労働時間が短縮することで生じる剰余価値のことである。ちなみにハーヴェイは、「特別剰余価値」（特定の資本が例外的に有利な生産条件を実現した時に得られる特別の剰余価値）を「一時的な相対的剰余価値」として相対的剰余価値の範疇の中に入れているが（マルクスも同じ）、私は特別剰余価値を絶対的剰余価値とも相対的剰余価値とも異なる第三の剰余価値概念であって、両者を媒介する中間的な範疇と捉えている。

さて、この相対的剰余価値の発生過程が真に現実のものとなるには、単に労働力価値が全般的に下がるだけではだめである。まず第一に、必要労働時間が短縮してもそれと同じだけ全体としての労働日が短縮しないという条件が必要である。すでに述べたように労働日はけっして不変でも一定でもない。それは長くなることも短くなることもできる。もし生産性の上昇による労働力価値の低下と同じだけ労働日が短縮したならば、剰余価値は増大しないので、相対的剰余価値は発生しない。したがって、絶対的剰余価値生産においては必要労働時間を超えて労働時間を積極的に延長させるという資本の強制力が必要だったように、相対的剰余価値生産においては、必要労働時間の短縮と同じだけ総労働日を短縮させないという強制力が働かなければならないし、この強制力をめぐって労使間の対立・攻防が起こる。ここでも、労働時間をめぐる階級闘争は決定的である。

第二に、一般的な生活水準・欲求水準にもとづく必要労働時間の大きさそのものも絶対的なものではない。それは、労働日と同じく可変であり、増減可能なものである。そして労働者の欲求水準も歴史的に可変である。労働生産性が上昇して既存の生活水準や欲求水準にもとづく必要労働時間が短縮したからといって、その分、機械的に賃金が下がらなければならないわけではない。生活手段価値が下がった分、労働者の必要な生活手段の範囲や量が増えてもいいわけだし、より高度なものを欲してもいいはずである。労働生産性の上昇と比例して労働者の生活欲求が拡大するならば、そしてその拡大を資本の側に受け入れさせることができるならば、生活手段価値の全般的低下にもかかわらず労働力価値は下がらないし、したがって相対的剰余価値も発生しない。いかなる量と質と範囲を持った生活手段が労働者にとって標準的であるのか、労働者は次の世代をどれぐらい必要とするのか、それにかかる費用と労働を誰がどのように負担するのか、これらの問題はすべて階級闘争と政治闘争の直接的な対象なのであり、それらは直接に相対的剰余価値の水準を規定するのである。

だが『資本論』では、「労働日」章であれほど階級闘争の決定的意義が説かれていたにもかかわらず、相対的剰余価値の生産においてはその役割は後景に退いている。先の第一の条件に関しては、マルクスは『資本論』において、この階級的条件を、「労働日を一定とした場合」という中立的な形で提示しているために、相対的剰余価値の生産においても実は労働日をめぐる階級的攻防が存在するということが見えなくなってしまっている。第二の条件に関しても、『資本論』の相対的剰余価値論では、あたかも生活手段価値の低下がそのまま機械的に労働力価値の低下になるかのように叙述されている。ただし、相対的剰余価値をめぐる階級的攻防に関する記述がまったくないわけではない。たとえば、労働力価値の低下が実際にどれぐらい労働力価格の低下になるのかをめぐって、階級間の抗争が深く関わっていることが次のように明確に言われている。

三シリングを最低限界とする低落の程度は、一方の側では資本の圧力が、他方の側では労働者の抵抗が秤の皿に投げ込む相対的な重さによって定まるのである。(現行版『資本論』第一巻第二分冊、大月書店、六七七頁)

だが、これだけである。「労働日」章におけるあの長大で力強い議論はまったく見られないし、この引用した章句は「相対的剰余価値の生産」の編に存在するのではなく、その後の「絶対的および相対的剰余価値の生産」の編にさりげなく入っているだけである。だがハーヴェイは、本書において階級闘争の中心性を相対的剰余価値論においても貫徹している。ハーヴェイは、相対的剰余価値を生産するための階級戦略という観点を打ち出すことによって、相対的剰余価値論においてもマルクスの精神を受けつぎ発展させている。

新自由主義と階級戦略

今日の新自由主義の時代においては、「相対的剰余価値の生産のための階級戦略」という観点はとりわけ重要である。高度経済成長においては、先進資本主義諸国では、労働生産性の増大は必ずしも労働力価値の低下には結びつかず、あるいは部分的にしか結びつかず、全般的なインフレーションもあって、名目賃金の持続的上昇が見られ、実質賃金も著しく増大した。

このような一時代が到来したのは、戦後資本主義において、各国の組織された労働者の力が強く、またさまざまな投機規制や労働者保護の制度や福祉制度が存在し、「社会主義」圏の成立や植民地諸国の独立を通じて、資本主義世界市場が著しく制約されたためである。このような条件のもとでは、労働生産性の上昇、あるいは生産力の増大は、それに比例した労働力価値の下落を生むのではなく、労働力価値は維持されるか逆に増大し、あるいはたとえ下がる場合でも、労働生産性の上昇度よりも低い割合でしか下がらなかった。このような状況においては、資本は剰余価値率を持続的に上昇させることができないので（部分的上昇はあるにせよ）、既存の剰余価値率のもとで、信用を通じた大規模な産業資本投資と、それによる資本蓄積を通じてしか価値増殖することができなかった。

剰余価値率が停滞するもとでの蓄積の大規模な進行は、必然的に利潤率の低下をもたらす。この利潤率の低下は一九七〇年代には顕著になり、やがて資本の蓄積危機をもたらした。他方で、労働者階級とその政治勢力の力はその間にますます増大し、多くの先進資本主義国で社会民主主義政権を実現しただけでなく、資本主義そのものの転覆をめざす政治勢力をも政治の前面に押し出した（階級危機）。この過程の頂点となったのは一九六八年の世界革命である。

しかし、この六八年革命は勝利するにはいたらず、一九七〇年代にはさまざまな弾圧や反資本主義勢力内部の抗争や分裂などもあって、反資本主義勢力の縮小・周辺化がもたらされた。このような力関係のもとで、やがて資本の側とその政治的代弁勢力は思い切った反転攻勢に出た。それは何よりも、剰余価値率の停滞ないし低下をもたらしていた労働者階級（およびその利益代表勢力）の力を徹底的にそぐことによって、あるいはグローバリゼーションを通じて安い消費財を大量に輸入することによって、労働力価値を全般的に引き下げ、剰余価値率を回復させて、利潤率を回復させることとであった。このようなことは単独の資本によっては不可能であり、総資本（あるいは総独占資本）の利益を代弁する政治勢力による階級戦略として国家的規模で遂行されなければならない。こうして、すでに高度経済成長期において過度に肥大化した（と資本には思われた）労働力価格を引き下げて、相対的剰余価値を集中的な形で実現するための階級戦略である新自由主義が発動されるに至るのである。

したがって、相対的剰余価値というのは、日々の労働生産性の上昇による日々の労働力価値低下によって生まれるというよりも（むろん、そういう場合もあり、私はそれを「相対的剰余価値の分子的生産」と呼んでいる）、むしろ歴史的・地理的にきわめて不均等で断続的な形で集中的に生産されるのであり（「相対的剰余価値の集中的生産」）、実質賃金の上昇局面と実質賃金の低下ないし停滞局面との大きな歴史的交替を通じて発生するのである。

4、『資本論』を読み解く二つの基軸（3）――「諸契機の弁証法」

以上で、『資本論』読み解く二つの理論的基軸の一つ目の話を終えよう。あまりも議論が長くなりすぎたので、もう一つの基軸については簡単に紹介しておこう。

六つの契機

このもう一つの理論的基軸というのは「諸契機の弁証法」である。これが最初に登場するのは本書の第七章であり、その中でハーヴェイは、『資本論』の「機械と大工業」章に出てくる脚注4（ドイツ語版では注22）に注目し、それを全面的に考察し独特の形で読み変えることによって、資本主義社会の全体をトータルに考察する上で決定的な六つの契機を取り出している。「技術」、「自然との関係」、「労働過程ないし生産過程」、「日常生活の生産と再生産」、「社会的諸関係」、「精神的諸観念」である。ちなみに、ハーヴェイの次の著作である『資本の〈謎〉』（作品社、二〇一二年）では、この六つの契機にさらに「社会的・行政的諸制度」という七つ目の契機が追加されており、また「契機」ではなく「活動領域」と表現されている。

さて、この六つの諸契機のうち最も規定的な契機は言うまでもなく「生産過程」であり、したがって『資本論』も「資本主義的生産過程」を最初に考察しているのである（ハーヴェイにあっては後述するようにこの点は曖昧）。しかし、「生産過程」が最も規定的なものであると言うことは、それ以外の五つの契機がこの生産過程のありようによって自動的に決定されるということを意味するものではない。それらの諸契機は相互作用しながら調和的ないし対立的に変化し、ハーヴェイの言い方では共進化（co-evolution）していく。これが「諸契機の弁証法」である。

こうした見方は、伝統的マルクス主義の「土台－上部構造」モデルよりも包括的で、応用可能性も高い。「土台－上部構造」モデルは、生産関係および生産様式とそれに対応する生産力から構成される経済的土台の規定性と、法的・文化的・イデオロギー的諸関係の被規定性とを表現しうる便利なモデルであるが、この単純な空間的比喩はさまざまな誤解のもとにもなっている。土台の上に上部構造が載っているという図形的イメージでは、この土台の中に上部構造的諸要素が、上部構造に土台的要素が相互に深く入り込み浸透しあっている実態をうまくとらえることができない。

それに対して、ハーヴェイの方法においては、資本主義的生産・蓄積様式をトータルに理解する上で決定的な六つの諸契機が特定され、それらが資本主義の発展の中で相互に作用しながら全体としてどのように変化するのかがとらえられる。これら六つの契機のうち、従来の「土台－上部構造」における「土台」に属するのはどれで、「上部構造」に属するのはどれであるのかは、一概には言えないだろう。「技術」や「生産過程」や「自然との関係」のように「土台」に属しそうなものもあれば、「精神的諸観念」のように「上部構造」に属しそうなものもある。しかし、「日常生活の生産と再生産」はどちらなのか、「社会的諸関係」はどちらなのかは、曖昧である。だがそもそも、諸々の重要な諸契機をすべて土台か上部構造のどちらかに確定的に分類する必要はあるのだろうか？　これまで伝統的マルクス主義の系譜においては、種々の諸契機が土台なのか上部構造なのかをめぐって膨大な議論と論争がなされてきた。しかしそれは「土台－上部構造」モデルを絶対的な枠組みとした場合にのみ必要とされる作業にすぎない。規定・被規定関係を空間的にわかりやすく把握するモデルとしてはそれは今日でも一定の意義を持っているとはいえ、複雑な社会的諸過程を理解する上ではあまりに制約的である。ハーヴェイの「諸契機の弁証法」はこうした理論的拘束衣を脱ぎ捨てて、『資本論』が分析対象とする資本主義システムの内部に六つの諸契機が相互作用しながら存在していることを明らかにしている。

先の労働日論においても、どの程度の長さの労働日が標準労働日であるのかは純経済的には決定できないのであって、そこでは階級闘争と並んで、それと絡み合う形で、社会意識の契機が存在している。それは、一日分の労働力価値を得るのに労働者はいったい一日何時間働けばいいのかをめぐる社会的承認の問題でもある。それは、ハーヴェイの六つの契機に即せば、「日常生活の再生産」や「精神的諸観念」の契機に関わっている。また労働日の法制化は、本書では論じられていない「社会的諸制度」に関わっている。「技術」や「自然との関係」が決定的な意味を帯びる「機械と大工業」の考察においては、ハーヴェイの六つの契機をすべて視野に入れることはなおさら決定的なものになる。われわれがどの問題を考察する場合でも、こうした広い視野で考察することは有意義だろう。

「六つの契機論」の限界とその発展方向

ただし、ハーヴェイの方法にも欠点はあって、彼の方法にあっては、これらの諸契機のうちのどれがより規定的で、どれがより派生的であるかの重層関係が把握されておらず、並列的になってしまっている。あれこれの還元論に陥らないようにするという問題意識が強すぎて、非還元的だが規定・被規定性を踏まえた理論構築には至っていない。また、社会システムの全体的性格を規定する最も重要な契機であるはずの「生産関係」が、これらの諸契機のどこに位置づけられているのかが曖昧である。したがって、旧来の「土台－上部構造」論とハーヴェイの方法論とのより高次な総合が必要であろう。

この新たな総合の方向性を示しているのが、ハーヴェイの次の作品である『資本の〈謎〉』である。そこで示唆されているのは、資本の運動原理（終わりなき資本蓄積、絶え間ない複利的成長）を中心として七つの活動領域が配置され、相互に有機的に連関しながらも相互に一定自立して運動し、結果として一個の資本主義システムを動的に成立させているという構図である。「土台－上部構造」という静的な空間イメージではなく、絶えず振動している動的な中心原理の周囲に、同じく動的な活動領域が配置されているという、原子構造や太陽系のような動的な空間イメージの方が、社会システムを理解する上でよりふさわしいだろう。

これなら規定－被規定関係も中心と周辺として一定表現されているし、それと同時に、どれが「土台」でどれが「上部構造」かという分類に拘泥することなく、システムを構成する諸要素をさまざまな形で配置することができるだろう。もちろん、これも一種の単純化されたモデルであるから、あらゆるモデルに付きまとう限界や制約はあるが、「土台－上部構造」モデルよりも複雑な現実を把握する上で有益であると思われる。

5、類書に見られない三つの観点――ジェンダー、フーコー、恐慌

以上で、『資本論』を読み解く上でハーヴェイが重視している二つの理論的基軸を説明した。最後に、あまり類書には見られない本書の特徴としてさらに三点ばかりつけ加えておこう。

一つ目は、階級闘争の契機が重視されているだけでなく、ジェンダーの観点も重要な役割を演じていることである。当然のことながら、マルクスの時代にはフェミニズムは自立した社会理論としてはまだ存在しておらず（その萌芽はすでに存在していたとはいえ）、マルクスの女性観も、当時としては十分進歩的だったが今日から見れば幾多の限界を免れていない。今日の時代に『資本論』の解説書や入門書を書く場合には、ジェンダーの観点を落とすことはできないだろう。ハーヴェイは、いくつかの箇所でこうした観点を導入して、マルクスの時代的制約をできるだけ乗り越えようと努力している。

二つ目は、マルクスとフーコーとの継承関係が『資本論』を通じて説得的に明らかにされていることである。フーコーとマルクスとの関係については、ハーヴェイは何よりも『資本論』の「労働日」章におけるマルクスの記述とフーコーの「統治性《ガバメンタリティ》」論との比較を通じて両者の継承関係を明らかにしようとしている。単に労働過程内部の資本と賃労働との直接的な指揮命令関係に還元できない労働者の内面のメンタリティや無意識の行動様式にまで深く浸透した統合、規律化、秩序が、階級闘争を通じて資本主義のもとでどのように発展し定着していったのかというマルクスの問題関心はそのまま、単に国家による法的ないし狭い意味での政治的な権力関係に還元できない民衆のメンタリティや行動様式を規律づける独特の秩序性がどのように近代社会の中で発展してきたのかというフーコーの問題関心に連続している。ハーヴェイは、フーコーがその理論を構築するに当たって『資本論』の「労働日」章をインスピレーションの一つの源泉にしたのではないかとみなしている。

三つ目は、本書の最終章「省察と予測」において恐慌論の見地から資本主義的生産・流通過程のトータルな分析が提示されていることである。『資本論』第一巻を対象とした入門書のほとんどは、最終章まで行けばそれで終わりである。多少のまとめはあっても、それは本当に単なる「まとめ」の域を出ない。それに対して、ハーヴェイは最終章において、恐慌・危機論の見地から、資本主義的生産・流通過程をその最初の「貨幣（G）」から始まって最後の「G'」に至るまで、それぞれの結節点（ハーヴェイは「閉塞ポイント」と呼ぶ）に即してトータルに省察を加え、現代資本主義の諸問題へとつながる重要な諸論点を提出している。どこから最初の貨幣は来るのか、どのように労働力を調達するのか、生産過程においてどのように労働者を統制するのか、生産された商品をどのように実現するのか、等々、等々。

さらには、信用の問題のように、本来は『資本論』第一巻では出てこないような論点もここではかなり詳細に取り上げられている。今日における金融資本主義化した現代資本主義を理解するためには、信用ないし金融の問題は落とせないのであり、それがあってはじめて、今日的な『資本論』入門書として意味のあるものになるのである。ちなみに、本書の後に出版された『資本の〈謎〉』は、この最終章の議論をさらに膨らませて独立の著作にしたものである。

以上の三つ以外にも、本書には多くの興味深い論点が提示されている。技術の階級的中立性に対する批判、マンチェスター型産業主義とバーミンガム型産業主義との対比、資本主義の永続的特徴としての複数の労働システムの結合と並存（これは日本における大企業と下請企業の「経済の二重構造」論ともつながる）、などである。

本書を読めば、これから『資本論』を読む人や、現在読んでいる人にとって導きの糸として、あるいはハーヴェイの原書のタイトルが言うように『資本論』を読む旅の「友」や「手引き」として役立つだけでなく、すでに『資本論』を何度も読んでいる人や専門的研究者にとっても、新鮮な視点で『資本論』を理解し読み直すきっかけになるだろう。そして、現在の深刻な経済・社会状況の中で、より進歩的な未来を構想する上で多くのヒントを与えてくれるだろう。

（二〇一一年三月）

第2章 『資本論』から読み解く危機と失業

本稿は、二〇一一年三月末にアジア連帯会議が主催した学習会で講演したものに、かなりの加筆修正を施したものである。とくに「4、階級闘争と社会的制度の契機」はほぼその全体が新たに付け加えた部分である。この追加によって、『資本論』の蓄積論のよりラディカルな「読み解き」が可能になったと思う。

なお、この学習会の二週間ほど前に3・11の東日本大震災と福島原発事故が起こっており、開催自体が危ぶまれたが、何とか開催にこぎつけた。話の中で、ハーヴェイの『〈資本論〉入門』についてかなり詳しく論じた部分があったが、これは本書の1章の議論と重なるので、割愛した。

今日私に与えられたテーマは「『資本論』から読み解く危機と失業」ですが、実を言いますと、「危機」という問題について曲がりなりにもお話するには、『資本論』全巻にプラスして、さらに『資本論』のいわゆる後半体系（国家、外国貿易、世界市場）というところまで話を展開させなくてはなりません。ですが、これはちょっと今日の限られた時間の中ではとうてい無理ですので、「危機」よりも「失業」の話、すなわち『資本論』の用語で言えば「相対的過剰人口」の話に限定して、それを『資本論』第一巻の資本蓄積論との関係でお話したいと思います（マルクスの恐慌論については本書第3章の補論を参照）。

1、『資本論』から読み解く際の注意点

二〇〇八年に世界金融恐慌が起こり、金融資本主義的な路線が誰の目にも明らかな形で破綻しました。その後、経済危機を解明していくツールの一つとしてマルクスや『資本論』に対する興味が復活してきました。それ以前にすでに新自由主義とグローバリゼーションのせいで不平等と貧困が世界的に顕著となり、それとの関連でもマルクスに対する興味が復活していました。ですから二〇〇九年頃からこの日本でもいくつかの出版社が争って、マルクス関連本を出版しだしたわけです。

『資本論』は完成された書物ではない

しかし、気をつけなければならないのは、『資本論』は完成された書物ではないということです。マルクスの生前に出版されたのは、『資本論』の第一巻（初版は一八六七年、二版が一八七二年）だけです。第二巻と第三巻はいくつかの膨大な草稿という形で残され、エンゲルスが十年以上かけて苦労して、ようやくそれらの草稿をつなぎあわせて第二巻と第三巻を編集出版しました。

ならばこの第一巻は完成された書物なのかというと、そこも大いに疑問です。マルクスは一八五七～五八年に最初の資本論草稿である「経済学批判要綱」（以下、「要綱」と略記）と呼ばれるものを書いてから、何度も草稿を書いて、最終的に『資本論』第一巻に結実させました。この

間は約十年です。初版から第二版にかけてもかなり書き直していますし、フランス語に翻訳する際にも自ら念入りに手を入れています。ドイツ語版とフランス語版とでは、大筋の論理は変わっていませんが、別の著作とも言えるぐらい細部に至るまで修正が施されています（現在われわれが読んでいる第四版はフランス語版からかなり文章を取り入れているので、この違いはわかりにくくなっていますが）。このように何度も書き直しを繰り返したことからしても、第一巻を完成された書物とみなすことはできません。もしマルクスがもっと長生きしていたとすれば、さらに書き直した可能性があるからです。

それらの草稿の中で最大のものである一八六一〜六三年草稿（後にその一部が『剰余価値学説史』という題名で出版されました）は、とくに剰余価値論に集中して書かれています。冒頭に位置するはずの「商品・貨幣論」は、それ以前に出版された『経済学批判』（一八五九年）で論じられていたので、一八六一〜六三年草稿では省かれており、いきなり「貨幣の資本への転化」から話が始まっています。最後の独立した資本蓄積論も部分的にしか存在しておらず、「剰余価値の資本への転化」という最初の部分と「本源的蓄積」に関する最後の部分は入っていますが、『資本論』第一巻におけるような長大なものにはまだなっていませんでした。

しかし、一八六一〜六三年草稿を書き上げた後に、剰余価値論だけでは資本の全体としての運動法則を明らかにするには不十分であり、第一巻レベルでも資本蓄積の法則について突っ込んだ内容を明らかにしておかないと、労働者がそれを武器にして闘う時に十分役立たないという認識がマルクスに生じたのでしょう。そのため、一八六三年以降に『資本論』第一巻を最終的に書き上げる過程でしだいに蓄積論は充実していき、とくに一八六六～六七年の清書段階において、「資本蓄積」に関する独立した長大な章（現行版では第二三章「資本主義的蓄積の一般的法則」）が書かれました。つまり、前半の剰余価値論はそれ以前に何度も草稿を書き十分に推敲したうえで書かれたのに対して、後半の資本蓄積論に関しては、「剰余価値の資本への転化」と「本源的蓄積」の部分を除けば、最終段階でかなり一気に書き上げられたという経緯があるわけです。したがって、後にフランス語版『資本論』でとくに大きな加筆修正がなされたのがこの資本蓄積論の部分だったというのも、偶然ではないと言えるでしょう。その部分の完成度が相対的に不十分だったからです。

そういう点でも『資本論』は完成された書物ではありません。実際、『資本論』第一巻の「資本蓄積論」を仔細に検討して見ると、前半の「剰余価値論」と比べて理論的練り上げが不十分であることがわかります。もちろんそこには素晴らしい洞察力がたくさん見られるのですが、かなり荒っぽい印象も受けます。ですから『資本論』の研究をやる場合は、とくに資本蓄積論に関しては、かなり独自の批判的視点でやっていく必要があるわけです。

では既存の『資本論』研究はどうだったのでしょうか？　日本の『資本論』研究には二つの大きな潮流が存在します。一つはいわゆる「正統派」で、もう一つは「宇野派」です。正統派は、マルクスの『資本論』を、とくにその第一巻を基本的に完成された書物とみなして、その「正しい解釈」に多大なエネルギーを注いできました。マルクスの理論上の誤りとか、限界などにはほとんど触れられません。それに対して宇野派は、『資本論』は完成された書物でないという観点を持っていて、その問題意識は正当なのですが、今度は宇野弘蔵という一人の人間がまた別の教条的体系を作ってしまい、その教条的体系をめぐって弟子たちが議論するという流れになってしまいました。結局、『資本論』に即して、そしてマルクスの精神にのっとって『資本論』の理論そのものを発展させていくという作業は、基本的には正統派によっても宇野派によってもあまりなされていないままになっています。

一巻レベルで語るのか、二巻、三巻レベルで語るのか

第二巻、第三巻になると、もっと未完成です。第二巻はまだそこそこの完成度があります。というのもマルクスは、死ぬ間際まで第二巻を出版したいと思っていたので、多くの草稿を残しており、いわゆる「第八草稿」まで存在しているからです。この「第八草稿」はマルクスの最晩年に書かれており、再生産表式論を詳細に展開しています。そのためエンゲルスは第二巻を編集する時、それぞれの部分に関して最新の草稿を用いるというルールにもとづいて、これら八つの草稿のうち最初の草稿を除く七つの草稿をつなぎ合わせてかなり完成度の高いものを編集することができました。といっても、理論的発展段階の異なる草稿をつなぎ合わせたため、理論的深度の異なる文章が同じ文脈に登場するという事態も生じています。それでも、その完成度はかなり高いものです。

ところが、第三巻となりますと、マルクスが一八六三〜六五年草稿の中で書き上げた「主要草稿」と呼ばれるものにほとんど依拠しています。その冒頭の「費用価格」や「利潤率」に関する

部分については、その後、いくつかの追加的草稿が書かれたので、その部分はより最新の草稿を使えましたが、全体としてはほとんど手つかずのままでした。信用論の後半部に至っては、膨大な抜粋の集合体のようになっており、読み通すのさえひどく苦労するレベルにとどまっています。

危機論ないし恐慌論で一番重要なのが実はこの第三巻です。利潤率の傾向的低下論や信用論が恐慌論では重要なテーマとなっているからです。金融恐慌を理解しようとする時、利潤率の低下や信用の問題を抜きにして語ることはできないでしょう。しかも金融はとりわけマルクス死後に発達した分野です。とくに、金融資本主義と呼ばれるものが発展してきて、デリバティブと呼ばれる金融派生商品などがものすごい勢いで市場を席巻しだすのは、産業資本主義がまさに利潤率低下によって行き詰まってきた一九七〇年代後半から一九八〇年代においてです。これは、マルクスが『資本論』を書いてから百年以上も後の話であり、マルクスがまったく想定していなかったような高度な金融化が、その後の三十年間に進んだわけです。

『資本論』で読み解ける範囲には限界がある

このように、『資本論』で読み解ける範囲というのには大きな限界があります。『資本論』の理論的・歴史的限界とは、何よりも今日の金融資本主義などに見られるようなまったく新しい現象を想定していなかったことです。土地所有に関しても『資本論』ではイギリスの伝統的大地主による土地所有が中心であり、今日におけるような高度に資本主義化された不動産資本は想定されていません。さらに、たとえ対象を当時の産業資本主義に限定したとしても、マルクスの時代は、標準労働日がようやく法律で制定されたにすぎないレベルでした。「プレカリアート」という言葉が最近使われていますが、マルクスが生きた時代のプロレタリアートは、ほとんど法的保護がなく、現在の解雇自由な非正規労働者のような存在であり、これこそまさに通常の「プロレタリアート」でした。そのずっと後に、第二インターナショナルや労働組合の闘争、ロシア革命のインパクト、一九三〇年代におけるアメリカでの激しい産業別労働組合運動の発展、さらには第二次世界大戦後の先進資本主義諸国における福祉国家の建設、こうした歴史的成果の積み重ねにもとづいて、労働者に対する法的保護と組織化が大いに進みました。その後、労働組合の力も福祉国家の成果も一九八〇年代以降の新自由主義化によってかなり侵食されましたが、それでもそれなりの水準を維持しています。こういう状況は『資本論』では想定されていません。

この問題に関しては、標準労働日をめぐるマルクスの認識の変遷が非常に重要な手がかりになります。『資本論』の最初の草稿である「要綱」には、標準労働日という概念そのものが登場しません。そこでは、労働日は労働者の自然的限界まで延長されることが自明視されていました。その後、一八六一〜六三年草稿で「標準労働日」という概念が明確に登場するようになりますが、そこでもその理論的認識は不十分でした。というのも、そこでは「標準労働日」は、それ以上労働時間が延長されると労働者の寿命を短縮するような長時間が想定されていたからです。私はそれを「標準最大労働日」と呼んでいますが、この時点でのマルクスの「標準労働日」認識はそのような水準にありました。それに対して、『資本論』第一巻の「労働日」章では標準労働日の概念が決定的なものとして登場するとともに、その概念そのものも、それ以上労働時間を延長すれば寿命が短縮するようなレベルのものではなく、労働者に一定の自由時間、人間的発達のための余地を残すような相対的により短い労働時間として認識されています。そして、このような標準労働日を獲得するために労働者の階級闘争が詳細に研究され、全体としての剰余価値論の中に有機的に組み込まれています。

この「標準労働日」をめぐるマルクスの認識の変遷にこそ、マルクスの理論そのものの発展の意味を理解する鍵が含まれているのですが、従来の『資本論』研究では概してそういう認識はされてきませんでした。宇野理論ではこの標準労働日は「段階論」のテーマだとして最初から放逐されており、正統派では『資本論』の字面に沿って平凡に解説されるか、より簡単な解説書では省かれたりしていました。この話について詳しくは、私の著作『資本と剰余価値の理論』（作品社、二〇〇八年）と、現在翻訳中のデヴィッド・ハーヴェイの『〈資本論〉入門』（後に作品社より二〇一一年に出版）の「訳者解題」（本書の第1章に収録）で扱っているので、それらを参考にしてください。

2、『資本論』第一巻の「資本蓄積論」で読み解く失業

さて、『資本論』第一巻で展開されている蓄積論は生産過程の一契機としての資本蓄積論です。トータルな資本蓄積論は、第二巻、第三巻での議論を踏まえて構成しなければなりません。第二巻では資本の流通過程が分析されています。商品を作っても売れなければ蓄積できないのですが、

作られた商品が売れるとは限らないのが無政府的な商品生産社会です。『資本論』第一巻は、生産された商品は基本的にすべて売れるという、実際にはありえない前提で蓄積過程を論じています。その前提が第二巻では問題とされ、どうやったら生産された諸商品がスムーズに販売され流通されうるのか、その均衡条件が再生産表式として明らかにされています。ですが資本主義は無政府的な運動を本質としており、この均衡条件はけっして守られず、均衡は絶えず破壊されることになり、これが絶えず恐慌の一つの原因ないし根拠として作用します。ただし、第二巻も完成されていないので、いかに均衡が破壊されるのかという具体的な議論はほとんどされていません。さらに第三巻では、資本主義の均衡を破壊するきわめて重要な原動力として「利潤率の傾向的低下」や過剰蓄積という問題が扱われています。

欧米マルクス経済学の創造的研究者の中でも、とくに重要な人物にエルネスト・マンデルという人がいます。マンデルは、資本主義システムの具体的な法則とその歴史的過程を理解するには、利潤率の傾向的低下法則を基軸にしなければならないという立場を取っており、その立場から書いたのが『後期資本主義』という大部の著作です。したがって、本来、資本の蓄積過程についてトータルに論じるには、第二巻、第三巻レベルにまで射程を延ばして論じなければならないのですが、今日は、時間の都合や報告者の力量にも限界があるので、基本的に第一巻レベルの議論を軸に資本の蓄積と労働者の失業問題（相対的過剰人口論）について論じていきたいと思います。

『資本論』第一巻における蓄積論に絞っても、その構成はなかなか複雑で深いものがあります。通常の『資本論』解説書の類では、相対的過剰人口の発生は単に、「資本の有機的構成」（資本の技術的構成に規定された資本の価値構成）がしだいに高度化していくこと、すなわち、投下総資本に占める不変資本（生産手段に投下された資本）の割合が可変資本（労働力に投下された資本）に比べてしだいに高まっていくことで単純に説明されてしまっています。しかし、『資本論』第一巻の蓄積論をよく読むなら、そのような一つの基軸だけで説明されていないことがわかります。すでに述べたように、資本蓄積論の部分は前半の剰余価値論に比べれば練り上げが不十分で、それゆえ、そうした誤解が生じるのもある程度やむをえない面があるのですが、しかしよく読めば、そのような論理だけで相対的過剰人口の発生が説かれているわけではありません。少なくとも、『資本論』第一巻の資本蓄積論には理論的に三つの基軸が存在していて、それらが重なりあい結合しあってはじめて、相対的過剰人口の発生が現実化するという論理構造になっています。以下、順番に三つの基軸について説明していきます。

第一の基軸――資本の有機的構成の高度化

まず第一の基軸は、すでに述べたように「資本の有機的構成の高度化」（以下、より簡単に「資本構成の高度化」と呼びます）であり、投下総資本の中で不変資本の割合がしだいに高まっていくことです。これは相対的過剰人口が発生する長期的枠組み、その構造的要因であり、その水路を形成するものです。つまり、投下する資本の総量に限界がある時に、その中に占める不変資本の割合が大きくなれば、同じだけの資本を投下しても労働者を雇うための可変資本は相対的に小さくならざるをえないし、したがって可変資本で雇用できる労働者の数も相対的に減少せざるをえない、ということになります。ただしこれはあくまでも不変資本の大きさに比較して相対的に下がるだけであって、可変資本の総額は、資本蓄積の進展とともに総資本の絶対額が増大するにつれて絶対的には増大していくのであり、したがって雇用労働者数も絶対的には増大していくのですが、その増大率が逓減していくのです。これは資本蓄積の基本的な制約条件となっています。このような「資本構成の高度化」は資本主義の長期的傾向として厳然と存在しており、それはたとえば、同じ資本規模の公共事業を行なってもその雇用効果がしだいに逓減していっている事実にも示されています。

さて、この「資本構成の高度化」をさらに深く理解するためには、二つの過程を区別する必要があります。競争の客観的過程としての高度化と、資本の主体的戦略としての高度化です。まず前者の客観的過程というのは、個別資本間の競争関係から生じます。剰余価値論に即して言えば、特別剰余価値の生産ととくに関係があります。個別資本同士が市場をめぐって激しい競争を行なっている状況下において、より先進的な機械を導入したり効率の高い生産様式を採用することのできた特定の個別資本は、その労働生産性を高めることができ、商品の個別的価値をその社会的価値よりも低くすることができ、その差額を特別剰余価値として自らの懐に入れることができます。このような過程が進行すれば、必然的に不変資本の割合が高くなるのは同義反復的真理です。というのも、労働生産性が高くなるということは、投下された労働力一単位あたりに生産される生産物量が増えることであり、したがってその過程で加工される原材料（不変流動資本）が多くなることだからです。また機械化が進めば必然的に、機械や工場などの不変固定資本がますます大規模なものになり、その絶対的価値額も大きくなります。

　このように、個別資本同士の不断の競争によって労働生産性を不断に高めていく傾向は資本主義の生産過程のうちに内在するのであり、それによって客観的に不変資本の割合が高まっていくことになります。同じく、『資本論』の蓄積論の中では、資本間の関係としてはもう一つ、信用の利用や株式会社の形成を通じての資本の集中もこの高度化過程を温室的に促進するものとして叙述されています。

　しかしながら資本構成が高度化する過程においては、この個別資本間の客観的過程だけではなく、もう一つ重要な契機が存在します。それが資本と賃労働との階級的関係から生じる契機です。労働者が資本家に対して反抗的である場合、労働者を抑えつけ弱体化させる手段として、労働者の代わりに機械を導入したり、労働力を省力化する何らかの新技術を導入したりすることです。これは剰余価値論との関係で言えば、特別剰余価値の生産よりも相対的剰余価値の生産と深く関係しています。労働力の価値が全般的に低下することによって、資本家の懐に入る剰余価値が増大するのが相対的剰余価値の生産であり、それは個別資本と個別資本との関係ではなく、総資本と総労働との階級関係に関わる過程です。たとえば機械を導入して熟練を解体すれば労働力価値が全般的に下がりますし、あるいは労働者の賃金要求を抑え込むために機械を導入することもそうです。これは、反抗的な労働者の力をそぎ、その賃金要求を封じ込める階級戦略の一環であり、このような主体的戦略の結果としても、総資本に占める不変資本の割合が高くなるわけです。

　以上の客観的過程と主体的戦略の二重の過程として、資本構成の高度化が進行することが、まずもって相対的過剰人口の発生メカニズムの「第一の基軸」であり、その構造的・長期的要因をなしています。

第二の基軸——現役労働者の労働時間延長と労働強化

このように全体として総資本に占める不変資本の割合が高まっていくと、労働力に投下される資本（可変資本）の割合が相対的に低くなっていき、可変資本の増大率は逓減していきます。これは全体としての資本蓄積を制約する大枠であり、長期的な蓄積条件を設定するものですが、それは失業が発生する可能性ないしその基本条件を示すものであっても、それだけでは相対的過剰人口の現実的発生までは説明できません。

もう一つ重要な基軸は、現役労働者にできるだけ長い労働時間を押しつけたり、その労働を強化したりすることで、同じ労働者数でできるだけ多くの生産を行なわせることです。例えば一日あたり一〇〇〇万円という額の可変資本があったとします。この可変資本額でどれだけの数の労働者を雇わなければならないかというのは、単純ではありません。一人当たりの労働者が何時間働くか、どれだけの労働密度で働くかによって、この数字は大きく変わるからです。例えば、一日八時間という厳格な労働時間規制があったとして、さらに労働組合も強く、ラインのスピードをそんなに上げられないとします。このような条件が存在するとすれば、一〇〇〇万の可変資本で雇わなければならない一日あたりの労働者の数は、たとえば一〇〇〇人かもしれません。すなわち、これだけ雇わないと必要な労働量を確保できないということです。ところが日本のように労働時間規制やライン規制が弱いとしたら、一日に何時間も残業をさせ、さらに労働密度も高めることができるならば、同じ労働量を確保するのに、たとえば六〇〇人を雇用するだけですむということになるでしょう（時間と密度が増大した分だけ賃金が増大するとすれば、可変資本の絶対額は同じままです）。ところで、まさにそうした長時間・過密労働こそが、マルクスが『資本論』を書いていた当時に存在していた状態でした。第二次世界大戦以降のヨーロッパ型の厳格な労働時間規制・ライン規制がなかった時代がマルクスの時代です。したがってこの第二の基軸は、相対的過剰人口の発生を理解するうえで非常に重要であり、とくにこの日本ではそうだと言えます。

　雇われている労働者も失業している労働者も地獄であるという状況は、この第二の基軸を入れてはじめて理解できるようになります。失業を免れて現役労働者として働けたとしても、たとえば毎日残業で、一日一二時間〜一四時間も働き、毎日帰ってくるのが深夜で、土曜・日曜も出勤だとすればどうか。他方で失業者は強制的な「自由」時間を与えられるが、不安と喪失感と絶対的貧困の中で生きていかなければならない。どちらに転んでも地獄のような状況を創りだすのが、このような資本の内的傾向です。

　この第二の基軸が入ってよりいっそう、「相対的過剰人口」と言う場合の「相対的」という言葉の意味がはっきりします。六〇〇人にできるだけ多くの労働をさせて一〇〇〇人分の労働をさせるとすると、可変資本の絶対額は同じでも、相対的にこちらのほうが過剰人口を作り出しています。これこそまさに相対的な過剰人口です（ちなみにエンゲルスはその若き日の著作『イギリスにおける労働者階級の状態』ですでに現役労働者に長時間労働を課すことで相対的な過剰人口が発生するメカニズムについて明らかにしていました)。

それに対して、総資本をどのように配分してもすべての労働者を雇えないような資本額しか存在しない場合に発生する失業は、絶対的過剰人口です。このような絶対的過剰人口は、資本主義の歴史の中では実際に時おり見られる現象です。典型的には資本主義の生成期においてそうでしたし、あるいは大きな戦争や大災害みたいなものが起こってインフラが大規模に破壊され社会制度が大きな混乱に陥る時も、一種の絶対的過剰人口が発生します。そのような場合、資本の絶対額が縮小して、どうやっても失業者があふれるようなことが発生してしまいます。終戦直後の日本がそうでしたし、今日の東日本大震災においても部分的にそうした状況が起きています。

ところが、実際には資本が絶対的に不足しているからではなく、むしろ資本の側にすべて労働者を雇用することができるだけの資本額が十分に存在するにもかかわらず、資本は現役労働者にできるだけ多くの労働をさせることによって、相対的に過剰人口をつくり出すのです。

第三の基軸――プロレタリア人口の外延的・内包的拡大

第三の基軸は、現役労働者・失業者を問わず、プロレタリア人口(すなわち、生産手段から切り離されて資本に直接ないし間接的に雇われることで生計を立てている階級)そのものの外延的・内包的な拡大です。マルクスは、「外延的拡大」「内包的拡大」という用語を使っているわけではないのですが、同じようなことを事実上言っているのでこのような表現でまとめておきました。

最初の「第一の基軸」は、労働力に投下される資本の相対的大きさを規定します。これが相対的に小さくなっていくことが、失業を生み出す構造的条件となっています。さらに「第二の基軸」で現役労働者にできるだけ多くの労働をさせ、同じ可変資本額でも雇用する労働者をできるだけ少なくしようとします。しかし、これら二つだけではまだ不十分であり、もしプロレタリアートの数がそもそも絶対的に少ない状況にあるとしたら、こういう手段を使ったとしても失業はほとんど発生しないでしょう。資本蓄積が進行するにつれて結局は大規模な労働力不足に陥るでしょう。したがって、資本はその順調な資本蓄積のためにはプロレタリア人口を外延的にも内包的にも拡大しなければなりません。

失業者というのは、ごく単純に考えれば、現役労働人口の絶対数から雇用労働者数を引いた部分ですから、この数が増えるには、雇用労働者数が減少するか、現役労働人口の絶対数が増大しなければなりません。実際にはこの両要素は絶えず変動する動的状態にあるわけですから、より正確に言うと、現役労働人口の絶対数が増大するよりも小さなテンポで雇用労働者数が増大すること、あるいは、逆から見れば、雇用労働者数が増大するよりも大きなテンポで現役労働人口の絶対数が増大しなければなりません。

まず現役労働人口の絶対的増大という点からすると、外延的ないし内包的拡大の前提として、プロレタリアートの世代的拡大を想定することができます（長期人口動態）。資本主義の初期段階においてプロレタリアート世帯の多産傾向とプロレタリアートの大規模な人口増が見られ、これは労働者の歴史的地位を引き下げて、労働者を資本に従順な存在にする上で決定的な役割を果たしました。これは資本の本源的蓄積過程の一つの重要なテコでした。マルクスが『資本論』を書いていた当時はまだ多産の時代であり、マルクスはこの持続的で急速な人口増大状況を基本的に所与の前提としつつ、その土台の上に資本主義的人口法則（相対的過剰人口論）を説こうとしたわけです。

しかし実際にはこれは「所与」ではなく、シスモンディという人がすでにその『経済学新原理』の中でマルサスの人口論を批判する中で述べたように、歴史的に条件づけられたものであって、資本主義の勃興とともに生じた歴史的現象でした。実際、封建時代の大部分において人口増はごくわずかで遅々とした過程でした。制限された生産力と技術水準、耕作可能な土地の自然的制限という厳しい制約条件のもとでは、大規模な人口増は望めないものであり、社会は人口の急激な増大を抑制する独特の再生産関係を構築していました。その典型例が、男性長子のみが土地や職業や家を相続することができ、したがってまた家族を形成し子孫を残すことができるという家父長制の仕組みです。この仕組みにおいては、次男、三男は子孫を残すことが基本的にはできず（他家の養子になる場合を除いて）、長男に養われるか奉公に出される立場に置かれます。彼らは基本的には長男の「スペア」であって、長男が早死にしたり、病気や怪我などで家や土地を継げない場合に（そういうことは頻繁にありました）、代わりに次男が、次男がだめな時は三男が継ぐというシステムでした。家や土地を確実に子孫に継がせることができるよう、できるだけ多くのスペアを作っておく必要がありました。しかし、たくさんスペアを作っても、それらは長男（あるいは家督相続者）以外は一代かぎりなので、ネズミ算式に人口が増えるということはありませんでした。ところが、資本主義がしだいに形成される過程で、この仕組みが崩れ、次男、三男でも都市に出て賃金労働者になれば、結婚し子孫を残すことができるようになりました。こうして、この時期、人口の増大が大規模に起こります（マルサスの『人口論』はこの現象を不当に一般化し、それを自然現象とみなしたわけですが、シスモンディはきわめて説得的に反駁しています）。これが資本の本源的蓄積にも、その後の初期の資本主義的蓄積にも大きな役割を果たすことになります（その後、先進国では人口の再生産メカニズムが資本主義により適合的なものになり、人口増がずっと緩やかなものになります）。このようなプロレタリア人口の世代的増大という問題は、資本蓄積とそのもとでの人口問題を規定する長期的な大枠を構成します。ちょうど資本構成の高度化が、資本蓄積の側から相対的過剰人口問題の長期的な大枠を構成するように、プロレタリア人口の長期的増大は、労働者人口の側から過剰人口問題の長期的な大枠を構成するのです。

しかし、すでに述べたようにマルクスは、基本的にこの長期的な世代的拡大を所与のものとして扱いました。そこでここでも、いちおうプロレタリア人口の長期的拡大（初期の急増ではなく、緩やかな増大）を前提にして話を先に進めましょう。

次に問題になるのが、プロレタリアートの同世代内の拡大です。この世代内拡大には先に述べたように、二つのタイプが存在します。まず第一の外延的拡大とは、古い生産諸関係の解体によって独立自営職人や自営業者、農民などがプロレタリア化していくことです。これは資本主義そのものの外延的拡大の過程に随伴する現象です。とくに農民に関しては、産業資本に雇われる雇用労働者でないときには（季節的に、あるいは、ライフサイクルの上で）農村に戻って農業に従事する場合があります。この過程は、いわゆる「独自に資本主義的な生産様式」の発展に伴う熟練の解体によって促進されます。なぜなら、伝統的で高度な熟練が機械化などによって解体すれば、昨日まで農民であった人たちも速やかに産業労働者として充用されうるようになるからです。これは後で述べる女性や子供の賃労働者化に関しても重要な役割を果たします。

外延的拡大のもう一つのパターンは、世界市場の開拓と国際的労働移動です。そして、ここでは、自発的な労働移動だけでなく、しばしばあからさまな暴力と抑圧、破廉恥な収奪と搾取、時には奴隷貿易のような手段さえ使われてきました。『資本論』では基本的に国内市場に分析が限定されているので、このタイプの外延的拡大は――本源的蓄積論を除いて――分析の外に置かれています。しかしこのタイプの外延的拡大は、資本の本源的蓄積過程においてだけでなく、その後の産業資本主義の時代にも重要な役割を果たし続けましたし、その後の古典的帝国主義の時代においてはなおさらそうでした。戦後の高度経済成長時代においても、また今日のグローバリゼーションの時代においても同じであり、このパターンは大規模な移住労働者としてプロレタリア人口の外延的拡大に寄与し続けています。とくに、一九八〇年代以降における中国の資本主義世界市場への参入と一九九〇年代のソ連・東欧圏の資本主義化などによって、一〇～二〇億人もプロレタリアートが増大したと言われています。

次に内包的拡大としては、主として四つのタイプが考えられます。①女性と子供の賃労働者化、②公共部門の解体と民営化による公務労働者の賃労働者化、③福祉切り捨てによる福祉受給層のプロレタリア化、④高齢層の再労働者化、です。『資本論』で主に論じられているのは、①の「女性と子供の労働力化」です。この層のプロレタリア化が「内包的」であるのは、すでにその女性も子供も高齢者も基本的にプロレタリア家族の構成員であって、間接的に資本に依存し、賃労働関係に包摂されているからです。ただし、子供に関しては、その後、先進資本主義国では児童労働の規制ないし禁止が行なわれて、内包的拡大の主要な部分ではなくなりましたが、第三世界のかなりの部分では今なお主要なパターンであり続けています。

②と③のタイプはむしろ最近の新自由主義化に特徴的なパターンです。マルクスの時代には、公共部門や福祉そのものが貧困だったのであり、したがって②は最初から資本主義的賃労働者であり、また③は最初からいわゆる「停滞的過剰人口」(日雇い労働者のように断続的に就労する貧困層)を構成していました。

④のタイプも、マルクスの時代には労働者の平均年齢が著しく低かったことや、年金制度などなかったこともあって重要な要素ではありませんでしたが、今日では、一方における労働者の平均寿命の引き続く増大と、他方における年金制度の縮小削減・支給年齢の先延ばしのせいで、重要な要素になりつつあります(高齢ワーキングプア)。

以上見たように、このような労働人口の外延的拡大と内包的拡大は、資本にとって相対的過剰人口を作り出すうえで決定的に重要な条件だったのであり、これを資本は目的意識的に、そして絶えまなく追求しています。

三つの基軸がそろって初めて相対的過剰人口論が解ける

以上の「第三の基軸」を議論の中に組み込むことによって、ようやく資本主義のもとで相対的過剰人口が構造的に発生し拡大することの説得的な説明が可能となるのです。このように、『資本論』においては、相対的過剰人口の発生メカニズムは基本的に、1、資本構成の高度化、2、現役労働者への長時間・過密労働の押しつけ、3、現役労働人口の外延的・内包的拡大という三つの要件によって立体的・重層的に説明されているわけです。そして、マルクス自身も、相対的過剰人口の形成についてまとめた箇所で次のようにはっきりと述べています。

相対的過剰人口を形成する上でこの契機〔現役労働者の過度労働〕がどれほど重要であるかを示しているのは、たとえばイギリスである。イギリスにおける労働「節約」の技術的手段は巨大なものである。それにもかかわらず、もし明日にでも全般的に労働が合理的水準に制限され、また労働者階級のさまざまな層が年齢と性にふさわしい形で再区分されるならば、現在の規模で国民的生産を継続していくには、現存の労働者人口では絶対的に不十分であろう。(全集版『資本論』第一巻、大月書店、八二九頁)。

つまり、「イギリスにおける労働『節約』の技術的手段は巨大なもの」(＝資本構成がきわめて高度だが、それでも、「全般的に労働が合理的水準に制限され」(＝過度の労働時間と労働強度が制限される)、「労働者階級のさまざまな層が年齢と性にふさわしい形で再区分される」(＝女性や子供の過剰な使用が制限される) ならば、「現存の労働者人口では絶対的に不十分」である (＝相対的過剰人口は発生しない)、とマルクスは言っているわけです。資本構成の高度化という第一の基軸だけでなく、労働時間と労働強度の増大という第二の基軸、そして労働人口の外延的・内包的拡大という第三の基軸がそろって、はじめて相対的過剰人口が大規模に発生するということを、ここでマルクスは事実上言っていることがわかります。資本構成の高度化だけから相対的過剰人口の発生を説明する議論がいかにマルクス自身の真意と異なるかは明らかでしょう。

とはいえ、資本構成の高度化だけから相対的過剰人口の構造的発生が説明できるという理解が一般化してしまったことには、マルクス自身の責任もあります。というのも、『資本論』では、相対的過剰人口の発生を解く最初の部分においては、基本的に資本の有機的構成の高度化しか論じられていないからです。その先をよくよく読み込んでいくと、先ほど述べたように、第二、第三の基軸が論じられており、資本構成の高度化を含むこの三つの柱が組み合わさって、相対的過剰人口論という建造物を支えていることがわかるのですが、最初の説明だけで理解してしまうと、あたかも資本構成の高度化だけで相対的過剰人口の発生が「証明」されているように見えてしまうのです。ここにも、『資本論』における資本蓄積論の練り上げの不十分さが示されていると言えるでしょう。

3、『資本論』第一巻の限界を超えた考察

さて、以上、三つの理論的基軸にもとづくならば、生産過程論の範囲内で相対的過剰人口の発生がかなり説得的に論証されています。これを資本蓄積への「第一次接近」と呼びましょう。し

かし、この「第一次接近」にはなおいくつかの限界があります。そこで次に、資本蓄積論への「第二次接近」として、『資本論』第一巻での記述を越えるいくつかの重要論点を付け足して、相対的過剰人口の発生メカニズムについてもう少し踏み込んで考察しておきましょう。

有機的構成の高度化に伴う剰余価値率の上昇

まず第一は、資本構成の高度化に伴って普通は剰余価値率（剰余価値を労働力価値で割った値）が上昇するのに、第一巻の蓄積論ではこの剰余価値率の上昇問題が考慮に入れられていないことです。なぜ資本構成が高度化すると剰余価値率が上昇する傾向にあるのかを理解するためには、そもそもなぜ資本構成の高度化が生じるのかについて簡単に振り返っておく必要があります。

まず、客観的過程としては、資本が特別剰余価値を獲得するために相互に競争しあって機械化や新しい技術の導入を進め労働生産性を上昇させるわけですが、それは生活手段の価値を全般的に引き下げますから、結果的に労働力価値をも引き下げ、その分、剰余価値の割合を大きくします（相対的剰余価値の生産）。また主体的戦略としては、労働者の賃金要求や抵抗力を抑え込むために機械化を推し進める場合には、熟練が解体されるとともに労働者の力が弱まるわけですからやはり結果として労働力価値が下がっていくでしょう。どちらの過程においても間接的にか直接的に労働力価値が下がるのですから、これは剰余価値率が上昇することを意味します。

したがって、資本構成が高度化していく過程は同時に剰余価値率が上昇していく過程でもあるのです。また、マルクス自身が資本主義的蓄積の結果として賃金の下落と貧困化が生じると述べているのですから、これもまた剰余価値率の上昇につながるはずです。ところで、以前から少なからぬ研究者が指摘しているように、資本構成の高度化率と剰余価値率の上昇率が同じ場合、他の諸条件が同じならば可変資本の増大率も一定なのです。資本構成の高度化とともに可変資本の増大率が逓減するという命題は、剰余価値率の上昇というファクターが入ってくると必ずしも成り立たなくなります。

マルクスは、相対的過剰人口について論じる際にこの剰余価値率の上昇を考慮に入れておらず、あたかも剰余価値率が一定であるかのように議論を進めています。もちろんマルクスが資本構成の高度化によって剰余価値率の上昇が生じることを知らなかったわけではありません。『資本論』第三巻の利潤率の傾向的低下論のところではこの問題についてかなり詳しく論じていますし、第一巻レベルでも蓄積論以前の部分では言っています。

『資本論』では、どんなに剰余価値率を上昇させたとしても、人間が働ける労働時間には二四時間という絶対的限界があり、さらに寝たり食べたりという生活時間も必要なので、労働者を減らすことによる剰余価値量の減少を剰余価値率の上昇で補うことには根本的限界があり、それはいずれ不可能になるだろうという形で説明しています。これはたしかに、究極的には不可能になるということの証明にはなっていますが、有機的構成の高度化によって持続的に可変資本の増大率が逓減していくことの一般的論証にはなっていません。究極的な場合の想定としてではなく、資本構成の高度化率より剰余価値率の上昇率のほうが総じて低いことの論証が別途必要です。

しかし、この話はかなり複雑なので、ここでは割愛しましょう。いずれにせよ、剰余価値率の上昇というファクターが入ると、可変資本増大率の逓減という命題の論証はより複雑になるということだけ確認しておきます。

投資率の問題と過剰蓄積

二つ目は投資率の問題です。『資本論』第一巻の蓄積論では、剰余価値から資本家の個人的消費用支出を引いた残りの部分（蓄積元本）がすべて次期の生産的投資に回ることが前提とされています。つまり、ここでは過剰蓄積の問題が無視されているのです。たとえば、その時の市場利潤率が著しく低いがゆえに生産に投資してもまともな利潤が稼げないと予想される場合には、資本家は蓄積元本を次期投資には回さずに、手元に保持するか、あるいは投機資本に回すということがあり、この状態を相対的過剰蓄積と言います。

これは景気循環の不況期には一般に起こることですが、ここで問題になっているのは、景気循環の一局面で起こる循環的過剰蓄積ではなく、その循環の波を通して持続的に存在する構造的過剰蓄積です。昨今、企業の巨額の「内部留保」が問題にされ、その一部をとり崩せば失業問題や低賃金問題を解消しうるとの主張がなされているのは周知のとおりです。この「内部留保」の中味はいろいろと複雑なので、単純に全部が過剰蓄積によるだぶついた資本（過剰資本）というわけではないのですが、それでもそのかなりの部分は必ずしも次期投資に回らない過剰資本です。

この過剰蓄積問題を入れてくると、相対的過剰人口の発生がよりリアルに解けます。マルクスの想定では、どんどん蓄積されていったものが、資本家の個人消費用の支出を除いて次期投資に回り、したがってその一部が可変資本に回ることになっています。そうすると可変資本の絶対的規模は、資本構成の高度化にもかかわらず、かなり増大していくことになります。しかし、当面する利潤率が資本家の目から見て十分高くない場合、資本家は蓄積元本を次期の生産的投資には回さず、金融資産などの形で手元に保持します。そうすると、労働者を雇える絶対額の資本が存在するにもかかわらず、それを生産的投資に、したがって可変資本に回さないことで失業が生じるのです。これはまさに相対的な過剰人口の発生です。手持ちの資金を少し取り崩せば、現在の失業者を救えるのに、十分な利潤が稼げないという理由でそれをしようとしません。資本の増殖欲に対して相対的に労働力が過剰になっているわけです。『資本論』の第一巻ではこの過剰蓄積の問題は出てこず、第三巻になって初めて登場するのですが、これは相対的過剰人口問題と不可分に結びついていますので、第一巻レベルでも論じておくべきでした。

ちなみにこの問題は今日の金融資本主義と深く結びついています。手持ちの蓄積元本を生産・サービス部門に投資しないと、労働者にお金が回らない。ところが生産・サービス部門に投資しても、利潤率が低い、物やサービスがあまり売れない、あるいはまた利潤として返ってくるのにあまりにも時間がかかりすぎるという問題があります。資本は無限に自己増殖しようとする価値の運動体であり、できるだけ多くの、できるだけ速やかな自己増殖こそが資本の本質であり、その規定的目的と推進的動機です。生産はそのための単なる一手段、やむをえない回り道にすぎません。ところが金融市場、投機市場に投資すれば、あっというまに利子やキャピタルゲインを獲得することができ、それによって手持ちの資本を増殖させることができます。産業資本として生産にお金を投じるよりも、そうした金融市場にお金を投じるほうが、よっぽど短期的かつ確実に（金融市場が膨張し続けているかぎりですが）、資本の自己増殖という使命を果たせるわけです。これがまさに過剰蓄積による金融資本主義化のメカニズムです。

信用の問題

第一巻のレベルをもっと超えてしまうのが、次に述べる三つ目の契機である信用の問題です。これは、先の「投資率の問題」とは逆に、生産的投資によって獲得された剰余価値を上回る資金が信用によって獲得でき、したがってそれが生産的投資に回されるなら、資本構成の高度化による可変資本部分が相対的に逓減しても、可変資本の総量を、資本構成の高度化以前よりも増大させることさえできるようになります。

これは表面的に見ると相対的過剰人口の発生を説明する要因ではないように見えます。むしろその逆であるように見えます。しかし、これは実は相対的過剰人口の発生メカニズムを理解する上で決定的に重要な要因なのです。なぜ資本構成が高度化していっているのに、すぐに社会が失業者であふれないのか？　逆に大量の労働者を雇うような資本の拡張力はどこから生じてくるのか。この問題に一つの回答を与えるのが信用です。資本主義の発展とともに資本構成が高度化して、ただ可変資本が相対的に縮小していくだけなら、剰余価値を生み出すのは可変資本だけですから、資本の蓄積力は相対的にしだいに弱くなっていくという結論になります。またどんどん資本主義が発展すればするほど、ただ一方的に労働者の力が相対的に弱くなり、機械的に失業者が増えていくだけになるでしょう。しかし現実の資本主義はそんなことにはなっていません。むしろ資本主義が発展する時には、大規模な機械化およびそれによる大量生産の発展と平行して、つまりは資本構成の高度化と平行して、労働者の大量雇用、大量出現も進んでいるのです。

このパラドックスを解く一つの鍵が信用です。いま生産的に投資すれば非常に儲かる時期だと判断されれば、資本は信用を通じて大規模に資金を調達するので（あるいは銀行も積極的に貸し付けようとするので）、一方で資本構成を高度化させるのに必要な資金（大規模固定資本に投じられる資本や大量の原材料を買い付けるための資本）を獲得すると同時に、他方では大量に労働者を雇うことを可能にするような資金をも獲得するのです。

たとえば日本の大企業は高度経済成長期にきわめて精力的に設備投資を行ないました。設備投資は不変固定資本ですから、それは資本構成の高度化をもたらします。では、高度成長期の日本が絶えず失業者であふれかえっていたかというとそうではありませんでした。逆に農村から都市部への大規模の人口移動があり、資本蓄積も労働者の絶対数も急速に増大しました。当時の大企業は系列の大銀行からいわゆるオーバーローンを通じてたくさんのおカネを借りて、総量としての資金を増やしました。資本構成は高度化していますが、労働者を雇う力は衰えるのではなく、逆に増していったわけです。したがって労働者が大量に雇われ、剰余価値を大規模に生産して、それらが次の投資資金に回るという好循環が発生したのです。

これがまさに、資本構成の高度化にもかかわらず、なぜ労働者が急速に増大するのかを説明するメカニズムです。そのことによって、先に述べたようにプロレタリア人口が外延的にも内包的にも急速に拡大する局面が発生するのであり、農村住民だけでなく、女性や子供も、あるいは移民も大量に動員されるわけです。

ところが、この過程は永遠ではありません。やがて一定の時点で潜在的に過剰蓄積が進み、市場が飽和状態に至り、過剰生産が発生し、利潤率が低下しはじめます。そうなりますと今度は信用が収縮しはじめ、生産が縮小するという反転過程が発生します。それまで信用膨張で雇用されていた人々が仕事を失います。いったんプロレタリア化した人々が今度は過剰人口のプールの中へと投げ込まれます。そもそも、労働者を大量に雇い入れる過程がなければ過剰人口も増大しません。農民や自営業者がプロレタリアにならず、自立したままであれば、そもそも彼らは相対的過剰人口に入ってはこないのです。この層がプロレタリア化するためには、資本が既存のプロレタリア層だけでは蓄積が進まないような大規模な拡張過程が必要なのであり、そのような爆発的拡張力を作り出すのが信用なのです。しかし、その後、状況が変われば信用は収縮し、生産が縮小します。いったんプロレタリアとなった農民、自営業者は、もはやそう簡単には元の仕事には戻れません、あるいは部分的にしか戻れません。これらの人々がさまざまなタイプの過剰人口にもなるのです。

『資本論』第一巻でも実を言うと、蓄積論の各所で信用の問題にも触れられているのですが、その取り上げ方はやはり圧倒的に不十分です。信用の問題を入れてこないと解けない（あるいは十分には解けない）種々の問題の多くが信用抜きに論じられています。信用そのものについて論じるのが『資本論』第三巻の守備範囲であったということが原因しています。しかし、それでも相対的過剰人口問題を論じる上で信用の役割は決定的なのであり、第一巻の範囲内でもより積極的に信用について論じるべきだったろうと思います。もしマルクスがもっと長生きして資本蓄積論をその後さらに書き直したとすれば、信用についてもっと強調したのではないかと思われます。

4、階級闘争と社会的制度の契機

以上、資本の蓄積運動の三つの基軸（第一次接近）と、『資本論』の範囲を超える三つの新たな論点（第二次接近）を踏まえることで、資本蓄積運動とそれによる過剰人口の発生をかなり具体的・立体的にとらえることができます。しかし、経済のどんな問題もそうですが、客観的な構造や法則だけで現実のあり方が決定されているわけではありません。主体的な階級闘争という契機、およびそれに規定された社会的・国家的制度の問題が存在しており、これが資本蓄積運動の現実的あり方をも強く規定しています。実際、マルクス自身も『資本論』の蓄積論の中で「資本主義的蓄積の絶対的な一般的法則……は、すべての他の法則と同じように、その実現に際してはさまざまな事情によって変更を加えられる」（現行版『資本論』第一巻、八三九頁）と述べており、この「さまざまな事情」に階級闘争や社会的制度の問題が入っていると考えても不自然ではないでしょう。そこで最後に、資本蓄積運動への「第三次接近」として、階級闘争とそれに規定された社会的制度の契機について簡単に論じておきたいと思います。

マルクスにおける蓄積モデルの歴史的交替説

マルクスは、その蓄積論において、最初に資本の有機的構成（不変資本と可変資本との割合）が一定であるという条件（その他、言明されていないが、労働人口の外延的・内包的拡大や労働日の延長・労働強化という条件も一定であるという条件）のもとでの資本蓄積について論じています。この条件のもとでは、資本の蓄積率（蓄積元本を前貸総資本で割った値）と可変資本の増大率とは同じであり、この増大率は労働人口の自然増加率をやがて上回るので、必然的に労働供給の不足と労賃の上昇をもたらし、資本蓄積の鈍化をもたらすと述べています。それがそのまま進行すると、資本は必然的に蓄積危機に陥ります。すなわち、得られた剰余価値（利潤）をどれだけ次期生産に回しても、剰余価値の総量がほとんどないしまったく増えないような状態です。そこで、資本は価値構成の高度化（生産資本に占める不変資本の割合を高めること）を推し進め（それとともに、労働日と労働強度の上昇、労働人口の外延的・内包的拡大も推し進め）、そうすることで可変資本の増大率を蓄積率よりも低く維持することで、蓄積危機を回避するだけでなく、相対的過剰人口を創出することで、労働の需給条件を資本に有利にして、労賃の引き下げと貧困化を必然的にすると述べています。

最初の、有機的構成一定（および他の二つの条件の一定）のもとでの資本蓄積モデルを、ハーヴェイにならって「蓄積モデルⅠ」と呼び、有機的構成の高度化（および他の二つの条件の変化）のもとでの資本蓄積モデルを「蓄積モデルⅡ」と呼ぶことにすれば、『資本論』における蓄積論は、この「蓄積モデルⅠ」から「蓄積モデルⅡ」への（一回かぎりの）歴史的交代説として構築されていることがわかります。

しかし、このような蓄積モデルの一回かぎりの歴史的交替説には決定的な弱点があります。それは階級闘争の契機をほとんど無視していることであり、またこの階級闘争に規定される社会的制度（とりわけ社会福祉や労働者保護の法的制度）の契機をも無視していることです。歴史的に見ても、マルクスの時代以降に労働者の大規模な地位向上が実際に生じているという事実とも矛盾しています。なるほど、マルクスが『資本論』を執筆していた時代には、相対的過剰人口の大量発生とそれによる労働者の深刻な貧困化が実際に生じていたというのが事実だとしても（だからこそマルクスはそれを資本の蓄積運動に内在的な形で説明しようとした）、他方では、それと同時に、マルクスも『資本論』で詳細に述べたように、標準労働日を制定して労働時間を全国的に制限しようとする労働者の闘争も厳然と存在しており（これは階級闘争と社会的制度の両方に関わります）、それは一定の成果を挙げはじめていました。労働時間の法的制限は、相対的過剰人口を構造的に生み出す三つの基軸の一つを構成する労働日の延長を著しく制約するものですから、当然にも、三つの基軸がストレートに作用しないような状況も部分的に発生していたわけです。それ以外にも児童労働を制限しようとする運動も存在しました。これもまた、三つの基軸の一つをなす労働人口の内包的拡大を制約するものです。

したがって、実を言うと、「蓄積モデルⅠ」が「蓄積モデルⅡ」に移行するためには、①労働者の側からの階級的抵抗がまだ脆弱で、資本蓄積に対する下からの規制が十分に効果を発揮できないこと、②労働者を保護する社会的制度も脆弱で、資本の蓄積運動を上から規制する力も弱かったこと、という隠された条件が必要になるのです。すでに述べたように、マルクスの時代に大規模に労働者の貧困が発生していたのは事実ですから、まさに標準労働日の制定や児童労働の部分的制限などの試みは、「蓄積モデルⅡ」への移行を妨げることができなかったし、労働者の大規模な貧困化を防ぐことができなかったことは明らかです。こうして、マルクスの時代的制約の結果として、蓄積モデルの一回限りの歴史的交替という図式が生じたのです。

蓄積モデルの継起的交替

しかし、そのような大規模な貧困化や大量失業に直面して、労働者は以前にも増して階級的に結束し、労働組合をはじめとするさまざまな階級組織、階級政党を結成し（マルクスが指導した国際労働者協会を含め）、資本の蓄積運動に対するより本格的な階級的抵抗を組織し、さらにそれをさまざまな社会的制度として結実させようとしました。これによってやがて児童労働はしだいに規制ないし禁止されていき、労働日もより厳格に規制されるようになりました。また、この階級的抵抗の中には、成人男性の賃金を引き上げて既婚の女性労働者を家庭に戻すという、後に性差別的と批判されるようになる実践（家族賃金の獲得運動）も含まれていましたが、これもまた直接的には労働人口の内包的拡大を制約する役割を果たしました。全体として、労働者階級は、『資本論』の時代よりもはるかに効果的に資本蓄積運動の自由な展開を制約することに成功したわけです。これによって、労働者の系統的な賃金アップとその地位向上が一定の範囲で（より組織性や熟練度の高い労働者層を中心に）進行することになりました。

こうして、蓄積モデルⅠから蓄積モデルⅡに移行した後に、引き続き資本構成の高度化を伴いつつも、相対的過剰人口の構造的発生を必然化する上で決定的な第二の基軸と第三の基軸が十分に機能せず、蓄積モデルⅡの帰結がストレートに発生しないという事態が生じました。このような状況は、単純に蓄積モデルⅠへの回帰でもないし（第一の基軸である資本構成の高度化はむしろよりいっそう進行しているから）、蓄積モデルⅡの単純な継続でもありません（第二の基軸と第三の基軸が制約されているから）。しかし、労働者の賃金が上昇し労働者の地位が向上しているという点から見れば、蓄積モデルⅠの帰結と類似しているので、この新たな蓄積モデルを「蓄積モデルⅠ'」と呼ぶことにしましょう。すなわち、歴史的に一回かぎりで、蓄積モデルⅠから蓄積モデルⅡに移行してそれで終わりなのではなく、その後、一九世紀末頃に労働者の側からの階級闘争と社会的制度の改良の影響を受けて、蓄積モデルⅠ'に再移行することになったわけです（ベルンシュタインらのいわゆる修正主義はこの時期の社会状況を不当に一般化することで発生しました）。

しかし、この状態がいつまでも続くかというとそうではありません。ある程度労働者の地位向上が続き、賃金が上昇し続けると、今度は再び資本の側からの階級的反転攻勢が発動されます。資本の側が独占化を通じて資本間競争を緩和させ、資本の側の権力を強大化させたり、またその独占利潤にもとづいて以前よりもはるかに大規模な固定資本を導入したり、あるいはファシズムに典型的に見られるように、労働組合や労働者政党を弾圧したり、あるいは帝国主義政策を通じて新たな労働力を国外から大量調達することなどを通じて、再び三つの基軸を資本に有利な形で再編・強化することができるようになります。こうして蓄積モデルⅠ'を再び蓄積モデルⅡに近い状況にもっていくことが可能になります。

　しかし、マルクスの時代の蓄積モデルⅡと同じではありません。なぜなら労働者の組織化と政治力がマルクスの時代にまで戻ることはけっしてなかったからであり、したがって蓄積モデルⅡの社会的・経済的結果がストレートに表われることにはならなかったからです。しかし、やはりそれは蓄積モデルⅡの状況に近いので、それを「蓄積モデルⅡ'」と呼ぶことにしましょう。こうして、「蓄積モデルⅠ'」は「蓄積モデルⅡ'」へと移行するわけです。しかし、これでもう終わりというわけではなく、再び労働者の側の抵抗や反撃が起こります。戦後世界に見られたように、ファシズムが打倒され、福祉国家が建設され、基本的人権と労働者保護が以前よりもはるかに進展したり、旧植民地の崩壊と「社会主義」世界体制の成立によって国際的に利用可能な賃労働人口が著しく制約されたりすることで、今度はさらにバージョンアップした「蓄積モデルⅠ''」という新たな蓄積モデルが登場したのです。

　このように、蓄積モデルは、Ⅰ→Ⅱ→Ⅰ'→Ⅱ'→Ⅰ''→Ⅱ''…というように「Ⅰ」の系列モデルと「Ⅱ」の系列モデルとのあいだを、したがって労働者の地位向上局面と地位後退局面とのあいだを行ったり来たりしながら、しだいにその内実を複雑で高度で相互に接近したものにしていくという変遷をたどるわけです。これを図式化すると右上のようになるでしょう。

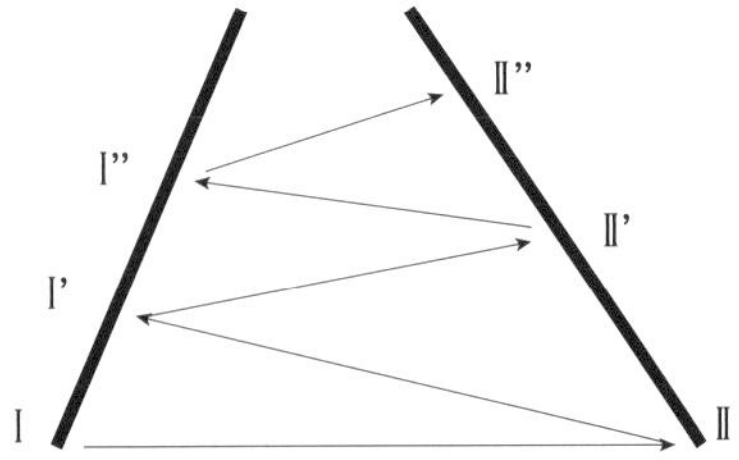

蓄積モデルⅠの系列
蓄積モデルⅡの系列

この図で、それぞれモデルⅠとモデルⅡの直線が内側に傾いているのは、それぞれのモデルが相互に接近していく傾向にあることを示しています（接近するが交わらないので、双曲線として描いた方が正確かもしれません）。

新自由主義と相対的過剰人口

このような見地から見ると、一九八〇年代から世界的に進行してきた新自由主義をどのように見ることができるでしょうか？　これは、相対的過剰人口論に即して言うなら、第一の基軸を土台として、第二、第三の基軸を総資本および国家的規模で追求することで労働者の力を決定的に弱めて、「Ⅰ」の系列に属する蓄積モデル（高度経済成長時代における労働者の地位向上局面）から、「Ⅱ」の系列に属する蓄積モデルへと再々度移行することをめざす国家的・国際的規模での階級戦略として把握することができるでしょう。

ハーヴェイが言うように、新自由主義とは何よりも、資本家階級とエリート層の大規模な権力回復を目指す階級的ヘゲモニー戦略なのであって、単なる市場原理主義ではありません。相対的過剰人口を大規模につくり出すことは、この戦略にとって決定的なテコでした。資本家に抵抗する勢力で最も脅威であるのは組織された労働者なのですから、その力を弱める最大の武器たる相対的過剰人口の創出は、新自由主義の最大のテコでもあるということになります。

労働組合の力が強く、また労働可能人口が容易に増えないような安定した社会状況にある場合、あるいは国内市場および国際市場の大きな部分に非資本主義的な領域が存在していて簡単に資本主義化できない場合、法的な労働者保護や福祉制度が確固として存在している場合、資本は、既存の与えられた労働力を与えられた条件で搾取することで満足せざるをえません。しかもこの時期は、一九二九年の金融恐慌の教訓から金融活動が厳格に規制されており、生産に資本投資するしかありませんでした。そうした中で資本蓄積を進めていけば、たとえどれだけ有機的構成を高度化しようとも、相対的に労働力不足に陥り、必然的に労働者の力は強くなり、賃上げや安定雇用を招来するでしょうし、また政治への階級的回路が充実している場合には、いっそうの福祉政策や労働者保護政策、環境保護政策に結実するでしょう。女性の労働力化や移民の大規模な受け入れなども行なわれますが、そうした部分的手段では労働力不足を根本的に打破するには不十分です。それがおおむね、蓄積モデルⅠの系列に属する戦後の福祉国家時代、ケインズ主義時代の先進国の状況でした（ちなみに日本では高度成長以前に農村に膨大な潜在的労働力が滞留しており、そこからの労働供給が豊富にあったため、労働者の力は相対的に弱いまま推移しました）。

こうした状況を打ち破るために積極的に資本とその国家が採用したのが新自由主義です。財政赤字やインフレーションの克服を口実に、国家権力の力も借りて労働の組織された力を解体し、公共部門を民営化し、福祉を切り捨て、労働者保護を解体していきました。また、日本ではとくに顕著でしたが「合理化」の名のもとに徹底した労働強化と労働時間の延長が行なわれました。また不況の克服を口実に大規模に金融の規制緩和が進行しました。

それにプラスして、新しい労働市場の世界的出現という重要な条件が存在しました。それがソ連・東欧の崩壊であり、中国の資本主義化であり、インドやブラジルの台頭であり、また文字通り世界市場を自由に利用可能にするような新しい運輸・通信技術の発展（コンテナ革命、ＩＴ革命、等々）でした。これは、それまでは与えられた（主として国内の）労働力で満足せざるをえなかった資本に、広大な労働可能人口を賃労働として利用可能なものにし、相対的過剰人口を大規模につくり出す可能性とそれをつくり出す力とを与えたのです。こうして、蓄積モデルⅡの系列に属する蓄積モデルⅡ''へと移行することになったのです。

この新たな新自由主義的局面において、各国における労働者階級の抵抗力の差が、かなりストレートな形でその帰結に影響を与えています。新自由主義が導入された先進諸国の中で、最も長期にわたって賃金が停滞ないし低下し、最も深刻に非正規雇用が蔓延しているのはこの日本ですが、これは何よりも日本における労働者階級の抵抗力が相対的に弱く、国家の福祉水準も低かったからです。このように、階級闘争の契機とそれに規定される社会的制度の契機を踏まえてこそ、本当の意味で現実における資本蓄積とそれによる相対的過剰人口の創出を解くことができるのです。

結語として

最後に『資本論』から現代を読み解くということの意味について再度強調しておきたいと思います。現代を生きるわれわれにとって重要なのは、現代の諸問題に対する出来合いの答えを『資本論』に探すことではありません。もちろんそこにはヒントになるものがたくさん書いてあるし、われわれはそこから現代の諸問題にも切り込んでいく必要があるのですが、他方では、現代の問題、現代の状況から見て、『資本論』に足りないもの、あるいは萌芽的には展開されているが十分には展開されていない部分を見つけ出して、それを『資本論』の理論的核心にもとづいて、マルクス自身の理論的発展の方向性に沿って、理論そのものを発展させていくことも必要なのです。

ですから、『資本論』から現実を読み解く過程と、現実から『資本論』を読み解き発展させる過程との相互作用、両過程の絶え間ないフィードバック作業が必要なのです。そもそも『資本論』は百五十年前の著作です。それが聖書でも教典でもなく、「科学の書」だとするならば、百五十年分の理論的発展が本来は蓄積されていなければならないはずです。しかしそうした作業は、すでに述べたように、あまり行なわれてはきませんでした。レーニンの『帝国主義論』のように、新しい現象を研究して、それを『資本論』という土台に結合する努力はそれなりに行なわれましたが、原論レベルで『資本論』そのものを発展させる努力はほとんどなされていません。『資本論』そのものの正しい解釈はもちろん必要なものですが、解釈だけで終わらせるのは問題です。

そして『資本論』そのものの理論的発展は一部の学者、研究者だけの課題ではなく、現実の変革に取り組んでいるすべての活動家、運動家の集団的課題でもあります。『資本論』は、ブルジョア経済学と違って高度な数式などを使っていません。今の経済学は数式だらけで、物理学の教科書だか何だかわからなくなっています。しかし、『資本論』はそうではない。それは多くの労働者や市民が直面している具体的な諸問題と格闘しており、闘いの武器、変革の武器たらんとしている経済学の書です。そうした観点から多くの労働者、市民のみなさんが自ら積極的に『資本論』

を読み、研究し、積極的にそれを発展させていってほしいと思います。

（二〇一一年三月）

第3章　世界金融恐慌のカラクリを暴く

——ハーヴェイ『資本の〈謎〉』を中心に

本稿は、二〇一二年一二月に講座テオリアの第一回目として行なわれた講演にもとづいて、私が二〇一三年五月に加筆修正し、さらに今回収録に当たって大幅に加筆修正したものである。この加筆修正に当たっては、元になった講演とほぼ同時期に執筆された、『季刊変革のアソシエ』第一一号（二〇一三年一月）掲載の拙論「デヴィッド・ハーヴェイの『資本の〈謎〉』を読む」からいくつかの文章を取り入れた。当日の質疑応答の部分は、一部を本文に入れ込んだ以外は割愛した。

また、最後の「補論」は当初はハーヴェイの恐慌論についてのみ述べていたのだが、今回、再録するに当たって、マルクスの恐慌論についてもごく簡単に補足しておいた。


今日私に与えられたテーマは、私が友人たちとともに翻訳したデヴィッド・ハーヴェイの『資本の〈謎〉』（作品社、二〇一二年）を題材にして、二〇〇八年の世界金融恐慌のメカニズムを明らかにするというものです。

まずは、『資本の〈謎〉』の筆者であるデヴィッド・ハーヴェイという学者について簡単に紹介しておきます。ハーヴェイはすでに多くの著作を出版していますが、彼の本の中で一番売れたのは『新自由主義』（邦訳は作品社）という著作です。日本でもこれでハーヴェイが知られるようになりました。『新自由主義』は一九八〇年以降の新自由主義化の本質を「市場と国家の対立」としてではなく、資本家階級による階級権力回復のためのヘゲモニック・プロジェクトとしてとらえました。

イギリス出身のマルクス主義者であるハーヴェイはもともとは経済地理学者で、その世界では以前から非常に著名な人物でした。しかし、経済地理学という学問領域は日本であまり知られていないし、とくにマルクス主義者の中ではそうです。欧米でも同じような傾向があるようで、ハーヴェイ自身もしばしば、経済地理学が軽視されていることに対する不満を書いています。ですから、ハーヴェイは経済地理学では非常に著名であったのですが、その狭い世界以外ではあまり知られていなかったわけです。ただ、ハーヴェイは都市論に関する論文や著作も多く書いていて、日本では都市社会学は経済地理学よりもポピュラーなので、その世界ではかなりよく知られていました。

ハーヴェイの主著である『資本の限界』は、日本ではなぜか『空間編成の経済理論』というきわめて特殊な表題で、地理学専門の出版社から出版されたため、英語圏のマルクス主義者によって出された最も体系的なマルクス経済理論の研究書の一つだったのに、日本のマルクス経済学者にほとんど知られることなく埋没してしまいました。しかし、ご存知のように、イラク戦争をきっかけにしたアメリカ帝国主義論、あるいは「帝国」論が左派の知的世界でブームになりましたが、その中で重大な一石を投じたのがハーヴェイの『ニューインペリアリズム』（邦訳は青木書店）でした。帝国主義や「帝国」について論じた人々は経済地理学における長年の理論的成果をほとんど無視して論じていたので、この著作はそうした傾向に重大な再考を迫るものでした。

いずれにしろ、ハーヴェイが日本で知られるようになったのは『新自由主義』の翻訳が出版された後のことです。私はたまたま友人からその翻訳の監修を頼まれまして、それがきっかけでハーヴェイの翻訳に関わるようになりました。まさかそれから何冊も続けてハーヴェイの翻訳をすることになろうとは、予想しませんでしたが。

来年の二〇一三年にもハーヴェイの邦訳が二冊出る予定です。一冊は最新著の『反乱する都市』（原著は二〇一二年）で、もう一冊は『コスモポリタニズム——自由と変革の地理学』（原著は二〇〇九年）です。どちらも翻訳はすでに終わっています（いずれも後に作品社から出版）。ハーヴェイはもう八〇歳近い高齢ですが、まったく衰えることなく立て続けに本を書き、世界中で講演をし、多くのインタビューを受け、学生や市民や労働者に講義をしています。

さて、本稿のテーマである『資本の〈謎〉』ですが、同書は、二〇〇八年金融恐慌の分析をしているだけでなく、『資本論』レベルでの資本主義論＝恐慌論を踏まえつつ、いわゆる「後半体系」を含むトータルな資本主義論でもあり、またその具体的な歴史的・地理的発展過程について展開する現代資本主義論にもなっており、最後にその変革論をも提示しています。本書は、出版後ただちに大きな反響を世界の左派陣営の中で呼び起こし、十一ヶ国語以上で翻訳出版されるとともに、欧米左翼の中で一番栄えあるドイッチャー賞を受賞しています。

以上簡単に、著者であるハーヴェイのことを紹介しましたので、いよいよ『資本の〈謎〉』の内容に入っていきましょう。

1、『資本の〈謎〉』の第一の部分——金融恐慌に至る二つの流れ

訳者解題でも書きましたが、『資本の〈謎〉』は大きくいって四つの部分に分かれます。第一の部分である第一章は今回の世界金融恐慌の全体像を明らかにしています。第二の部分である第二、三、四章は、全体としての「資本の流れ」を具体的に明らかにしています。第三の部分である第五、六、七章は、第二の部分の原論的考察をもとにして、資本主義発展の歴史的・地理的な全体像を解明しています。最後の第四の部分である第八章は、周期的に恐慌を生み出す資本主義をどのように、どの方向で変革するのか、という変革論を展開しています。さらにペーパーバック版には、出版後の状況について概括した「あとがき」が収録されており、それはそれでおもしろいのですが、今日の話では割愛したいと思います。

金融資本主義化の流れ

まず「第一の部分」ですが、ここでは、今回の金融恐慌に関する全体像が明らかにされています。この金融恐慌に直接至ることになる因果関係の系譜には、住宅ローンなどの債務の証券化に代表される金融資本主義化の流れと、大規模な経済格差を世界的に生み出しつつ過剰資本をあふれさせた新自由主義化の流れという二つの流れを見出すことができます。

みなさんもご存知のように、金融恐慌に関する本はすでにたくさん出ています。世界金融恐慌

に至る出発点をどこに求めるのか、その点は論者によって違います。金融恐慌の出発点として通常言われるのは、一九八〇年代以降に金融緩和とともに広まるようになった住宅ローンをはじめとする債務の証券化という手法です。ソロモンブラザーズという有名な証券会社が住宅ローンをはじめとする債務を証券化して、それを新しい金融商品として売りに出すということを初めてやりました。

一般にこれが世界金融恐慌に至る最初の出発点だと見られています。住宅ローンを証券にして売れば、貸し手はリスクを他者に転嫁することができるだけでなく、証券を売って戻ってきた金をさらに別の者に貸し付けることができます。これによって、貸す側も借りる側もローンが組みやすくなりました。それ以前は証券会社(投資銀行)というのは証券取引や企業の売買の仲介をして手数料を稼ぐささやかな役割を担う資本でしたが、自ら金融商品を作り出すことで莫大な利益を上げるようになりました。最初にソロモンがやって、その大ヒットと巨額の利益に驚愕した他の証券会社も追随するようになり、次々と新しい金融商品が開発されるようになっていきました。

しかし、この最初の時点では、まだ今回のような世界的な金融恐慌に至るようなものではありませんでした。この時点では、住宅ローンを組む人々は一定の資産と定期的な収入がちゃんとあるということが前提でした。通常、住宅ローンというのは非常にリスクが低いものです。このようにリスクの低い長期の債務をもとにした証券も本来はリスクが低い安全なものでした。ところが、これが大いに儲かるとなると、投資銀行はしだいに次々と新しい債務証券をつくろうとするようになり、その材料となる債務そのものを無理につくり出そうとするようになっていきます。実体経済の停滞と金融緩和、そしてグローバルな資金の循環がこの流れを後押しします。

この過程が一気に進んだのが、ITバブル崩壊後の二〇〇〇年以降です。それまではITバブルのおかげでIT関連企業の株に世界の過剰資金が流れていました。それが崩壊したので、過剰資金の新たな投資先として住宅ローンとそれにもとづく金融商品が選ばれたのです。

日本の一九八〇年代後半のバブルでもそうでしたが、土地や住宅などの不動産は価格が上がることはあっても下がることはないという神話が根強く存在します。アメリカにもありました。株は単なる紙切れですからすぐに値崩れするが、不動産は現実の資産であって、そう簡単には値下がりしないと。というわけで、安全な住宅関連の投資に世界中の過剰資本が殺到しました。この莫大な資本を吸収するような新たな金融商品が次々とつくり出されるのですが、その元になるのは住宅ローンですから、このローンそのものを拡大しなければならなくなります。これは一種の錬金術です。他人に金を貸してその利子を得るというパターンは大昔から存在しますが、人に金を貸して、その債務を証券化して、それを世界中に売りまくって大金を稼ぐというのは、現代の錬金術です。

それでも、最初のうちは堅実な人にだけローンを組ませていましたが、そういうリスクの少ない借り手はすぐに枯渇します。ですから、しだいにリスクの高い借り手にまでローンを組ませようとするようになりました。これがサブプライムローンです。

この傾向に拍車をかけたのがCDOと呼ばれる新しい金融商品です。これは、住宅ローンをもとにした証券を材料にして、別の金融商品に仕立てたものです。債務を元にした証券をさらに元にした証券です。その仕組みはこうです。まず住宅ローンをもとにして債務証券をつくります。これが第一段階です。それを格付け会社は格付けします。元になっている住宅ローンのリスクが小さいものほど格付けのランクは上になります（ただしリターンは小さい）。他方、リスクの高い住宅ローンの割合が高い証券は下にランクされます（ただしリターンは大きい）。ローリスク、ローリターンの証券、ハイリスク、ハイリターンの証券、そしてその中間という、３つの部分に分かれます。

そうすると、格付けの低いハイリスク、ハイリターンのものは売れ残りやすくなります。そこで、それらの売れ残った証券を材料にして、リスクが比較的低い他の証券とミックスして新たに別の金融商品に仕立て上げるのです。そうすると、その新しい金融商品を格付け会社がもう一度ランク付けしてくれ、それらもまた上はトリプルＡから下はダブルＢまでに分類されるわけです。すると、もともとダブルＢであったものが、この新たな格付けではトリプルＡに仕立て直されるわけです。実際、再証券化されたこのＣＤＯのランクの八割がトリプルＡだったそうです。もともとリスクの高い証券だったものが、ハイリターンのままでトリプルＡに格付けされるわけですから、どんどん売れるようになるわけです。手品のような話です。こうしてＣＤＯは世界中の投資家たちに売られまくりました。

またローンそのものを拡大するために、本来は住宅ローンなど組めないような人にまでどんどんローンが組まされ、ついには資産も定期収入もない人にまで無理やりローンが組まされました。

住宅価格の上昇と、最初の一年か二年だけ金利が低く設定された変動金利制という仕組みが、この傾向にいっそう拍車をかけます。しかしやがて、住宅バブルに陰りが見えはじめ、住宅価格が停滞しはじめます。それと同時に、変動金利制における安い金利設定期間がすぎて、一気に高い金利が借り手に襲いかかってきます。こうして次々と住宅ローンが焦げつき始めます。すると、そのようなリスクの高いローンがもとになっていた証券はたちまち紙切れと化し、そうした証券を材料にしたCDOも紙切れとなります。こうして金融恐慌が爆発したのです。

しかし、その影響は国内にとどまりませんでした。日本でも一九八〇年代末、バブルで不動産価格が平均で二倍から二・五倍ぐらいに上がってから急落しましたが、バブル崩壊の影響は基本的には日本一国で終わりました。今回はそれが一国で終わらなかったのは、世界中の投資家、ヘッジファンド、大銀行、大企業、年金基金、さらにはハーバード大などの大学も莫大な金をそこに投資していたからです。そのため、アメリカの住宅バブルの破綻は世界金融恐慌として世界中に波及しました。皮肉なことに日本はその間ずっと不況だったおかげで、この恐慌のダメージは比較的少なくすみました。もっとも、たとえば私の勤務している駒澤大学［当時］のように何十億という損失を出したところもありましたが。

このような流れに注目すると、一九八〇年代半ば以降における債務の証券化、二〇〇〇年以降のCDOの世界的普及という流れが、今回の金融恐慌に直接つながっていることがわかります。

新自由主義化の流れ

しかし、次に問題になるのは、そうした投機的な金融商品を必要としたあの莫大な過剰資金はどこから生まれたか、です。これは単なる金融化では説明できません。ハーヴェイなど左派の論者は、もう一つの流れとして、一九七〇年代末から八〇年代にかけて先進資本主義国で始まった新自由主義化に着目します。一九七〇年代に生じた利潤率の持続的低下、資本の蓄積危機と政治的危機を背景にして、資本とエリートの側によって大々的になされた権力回復策が新自由主義化です。大規模な市場化・民営化と規制緩和、労働者の組織的力に対する大規模な攻撃と賃金の停滞、空前の金持ち・大企業減税、等々。こうして、労働者をはじめとする勤労者の犠牲にもとづいて、巨額なお金が社会の上層へと集中します。

この余った金は投資先を求めて、あちこちでバブルをつくっては壊しということを繰り返していき、「バブルリレー」と呼ばれるものが生じます。それが最後はアメリカの住宅バブルに行き着くわけです。住宅バブルに行き着いたのは、先ほども言ったように、住宅ならば大丈夫だろうという不動産神話があったからですが、それだけではなく、アメリカが特にそうなのですが、自宅を所有することは勤労者にとってさまざまなメリットがあったからです。というのも、アメリカは何でもローンですから、高所得ではない人々にとっては自宅はローンを組む上で最も確実な担保になるわけです。無理してでも資産としての住宅を持っていると、教育ローンや消費者ローンを組みやすい。公的医療保険もないので、医療費もローンです。無償の奨学金を獲得できない学生は、学生ローンを組みます。卒業時には何百万円という莫大な借金を背負って社会に出ます。

このように何でもローンと借金で回っています。アメリカはもともとそういう体質の国でしたが、新自由主義化がこれに拍車をかけたのは言うまでもありません。もしアメリカがヨーロッパの先進福祉国家並みに、無料ないし軽負担の公的医療、家賃の安い公営住宅、無料か軽負担の公的高等教育が充実している国であれば、このような過酷なローン社会にはなっていなかったでしょう。

住宅という資産を持ってない人が唯一借りられるのは、クレジットカードによるローンですが、そこでの利率は一五％くらいに設定されており、これはかなりの高利です。それゆえ、クレジット破産が続出します。しかし、住宅ローンなら、それよりもかなり安い利率で借りられますし、いったん購入すると住宅が確実な資産となるので、他のローンも組みやすくなります。当時は、住宅バブルのおかげで住宅価格が確実に上がっていったこともあり、クレジットより安い利子で住宅を買えるということで多くの人が飛びついたわけです。当時の民主党政権もそれを大いに推進しました。いずれにしろ、背景には新自由主義化による公共部門の解体、賃金抑制と貧困と格差の増大があったわけです。

このように見てくると、直接的には一九八〇年代以降の金融化と新自由主義化が二〇〇八年金融恐慌の土台にあるということがわかります。もちろん、それ以外にも、こうした事態に行き着いたさまざまな原因が存在します。たとえば、銀行の貸付について自己資本比率などの規制ができました。ところが、住宅ローンなどを証券化して売り払えばローン、すなわち貸付がなくなり、自己資本比率の基準をクリアすることができる。だから、規制を逃れるために、そういう金融商品をどしどしつくって売るようになった、ということもそうです。他にも、石油ショックによる膨大なオイルダラーの存在、アメリカの巨額の財政赤字、住宅私有化の推進とそれを支えたフレディマックとファニーメイという半ば公的な抵当引き受け機関、日本の長期不況と超低金利政策によるジャパンマネーの垂れ流し、巨大な年金基金ファンドの成長と高利回りな金融投資による資金運用、産業の空洞化と巨大製造業企業の金融業務への参入、無規制のヘッジファンドの急成長、複雑怪奇な金融商品をつくることを可能にした金融工学とコンピュータの発達、世界中から金融投機することを可能にしたインターネットの発達、中国を筆頭とするアジア諸国の莫大な外貨準備とアメリカ市場への投資、無責任な住宅ローンブローカーの暗躍、格付会社によるいい加減な格付、等々、です。

以上、ハーヴェイの指摘に即して、二〇〇八年の金融恐慌をもたらしたさまざまな直接的ないし間接的な諸要因について見てきました。しかし、われわれは、こうした諸原因のもっと深い所に、すなわち資本主義そのものの運動原理に目を向ける必要があります。今回の金融恐慌を論じたある著作では、さまざまな規制をしても常にそれをすり抜けようとするのは人間の「さが」なんだと説明してありました。しかし、それは別に人間の「さが」なのではなく、資本の「さが」ですよね。資本主義的な行動様式を所与の前提とした上で、あたかもそれが人間の「さが」であるかのように言って金融恐慌を説明するというのは、運命論的弁護論にすぎません。どんな規制も出し抜いて金儲けをするというのは人間の「さが」でも何でもなくて、どんな手段を使ってでも価値を増殖させようとする資本の「さが」なのです。

ですから、新自由主義化に原因を求めるにせよ、金融資本主義化に原因を求めるにせよ、また他の何かに原因を求めるにせよ、もっと根源にあるのは資本主義の運動原理そのものです。いかなる手段を使ってでも無限に価値を増殖させようとする「永続的な資本蓄積」という資本の衝動、この基本原理がいちばんの根底にあるわけです。それが第二の部分の話になります。

2、『資本の〈謎〉』の第二の部分――資本の流れの全体像

この第二の部分は、第二章、第三章、第四章の三つにわかれており、この三つを通じて「資本の流れ（キャピタル・フロー）」の全体像が理論的に明らかにされ、その中で、資本主義の「恐慌体質」と呼ばれるものが解明されていきます。

この箇所は、ハーヴェイの前著である『〈資本論〉入門』の最終章をより詳細に論じた部分でして、私のような『資本論』研究者にとっては興味が尽きない部分でもあります。そこにはいろんな論点が入っています。ハーヴェイは三十年以上、『資本論』の講義を学生、労働者、活動家を対象に行なっています。日本の『資本論』研究者は正統派と宇野派に分かれていて、どちらもそれぞれの教条に支配されており、かつては相互に激しいバトルを展開していました。それゆえ、『資本論』研究でもそうした党派対立が影響を及ぼしています。また、最近はそうでもありませんが、かつては日本の『資本論』研究といえば、『資本論』をどう正しく解釈するのかということにほとんど議論が費やされていました。そのため、日本の『資本論』学者は『資本論』そのものの創造的発展にあまり積極的とは言えません。それに対して、ハーヴェイはかなり自由に『資

本論』を論じており、そこには、同意できない部分もあると同時に、日本ではほとんど見られないような斬新な発想も見られるわけです。

ところでこの「資本の流れ」というのは、『資本論』で言えば、「G―W…P…W'―G'」の資本循環のことです。最初の貨幣（G）が、生産過程（P）を中間項として、より多くの貨幣（G'）になって戻ってくる。この大きな循環過程には、克服しなければならないハードルがたくさんあります。ハーヴェイはそれを大きく三つの部分に分けています。まずは出発点としての貨幣（G）の集積、次に生産（P）そのもの、最後に生産から出現する新しい商品（W'）の販売と貨幣への再転化、という三つです。

貨幣の集積

まず「貨幣の集積」から見ていきます。この「貨幣の集積」というのは、歴史的には、本源的蓄積あるいは原始的蓄積と呼ばれる、資本主義成立期における集中的でしばしば暴力的な蓄積過程が決定的に重要です。この過程は歴史的に残酷な手段を含めて、国家が大規模に介入して貨幣の集中と集積がなされました。特に大きかったのがラテンアメリカの略奪です。中南米の豊富な金銀が奴隷労働によって採掘され、大量にヨーロッパに運び込まれ、ヨーロッパの貨幣経済を成立させるとともに、ヨーロッパでいわゆる「大インフレーション」を招いて自営職人や自営農民などを没落させました。また、この採掘と運搬の過程で、もともといたラテンアメリカの先住民の人口は十分の一以下に激減したと言われています。

このようにラテンアメリカから略奪した富がヨーロッパ資本主義の礎を築いたわけです。それ以前の、一四～一五世紀あたりのヨーロッパの生産力水準は、中国などと同じくらいだったと言われています。最初からヨーロッパが先進的だったわけではありません。コロンブス到着以降にラテンアメリカからから大規模に略奪した富でヨーロッパ資本主義が生まれたわけです。

しかし、大きな歴史的意味では以上の本源的蓄積過程が「貨幣の集積」を可能にしたわけですが、貨幣の集積というのは日々なされなければならないものです。それなしに資本の運動は始まりません。したがってマルクスも『資本論』では、「本源的蓄積」の話はいちばん最後にして、最初の段階では、目の前にある貨幣資本を前提にしています。そして、この日々の貨幣集積において決定的役割を果たすのが銀行や信用です。そして、ここでは、国家そのものが大きな役割を果たします。ハーヴェイはこの両者の結合体を「国家・金融結合体」と呼んでいます。

この「国家・金融結合体」の具体的なあり方は国や時代においてきわめてさまざまですが、今日では巨大な規模に成長し、主要先進諸国の国家の中枢を握るにいたっており、それが今回の金融恐慌をお膳立てした金融の規制緩和や減税などを実行したわけです。さらにそれは、種々の国際金融機関とも結びついて、金融恐慌の規模を世界的なものにする上で重要や役割を果たしました。

生産過程Ⅰ――労働力と生産手段の調達

次は生産過程そのものです。ここは、私のような『資本論』研究者にとっては最もおもしろい部分でもあります。

この生産過程には多くの制限が存在します。まず第一に、必要な質と量の労働力が調達されなければなりません。この労働力が不足するか、必要な質を備えていない場合には、生産は重要な制約を被ります。第二次世界大戦後の高度経済成長期においては、欧米諸国は自国の伝統的労働力（成人男性）では増大する労働供給を十分まかないきれなくなります。このことは一方では、高度に組織化された労働組合の運動もあって、絶えざる賃金上昇をもたらすとともに、他方では、外国からの移民労働者の大量導入と、都市における既婚女性の大規模な労働力化をもたらしました。古い植民地主義が否定された以上、他国ないし他地域を直接に植民地化していって労働力を確保するというかつての手法は取れなくなりましたから、主として旧植民地からの移民の大規模な「輸入」と国内における女性の労働力化がそれに代わる手段になったわけです。それによって、一方では国内における大規模な人種・民族問題が生み出されるとともに（帝国主義の内部化による帝国主義的社会構造の出現）、他方では女性の社会進出とその地位向上にもつながったわけです（国民内平等のいっそうの進展）。

ちなみに日本では、戦後における独特の人口構造（若年層が分厚い層をなし、それが大量に農村に滞留していた）のおかげで、高度経済成長に必要なほとんどの労働力を国内でまかなうことができました。そのおかげで、いわゆる外国人労働者問題をほとんど経験することなしに済ますことができたと同時に（このことが今日では日本の文化的閉鎖性やゼノフォビアという問題を招いています）、都市における既婚女性の労働力化を遅らせ（農村では女性は最初から労働力であった）、国民内平等の進展を遅らせました。

ところで、この労働力不足問題は、ハーヴェイが強調するように、交通手段や通信手段の発達程度という地理的・空間的問題とも結びついています。たとえば、交通手段が発達していなければ、ある地域における労働力不足はそれだけで致命的となります。歩いて通勤に五時間もかかる労働者を雇うことはできないわけです。交通手段の発達は通勤圏を広げ、雇用可能な潜在的労働力を相対的に増大させます。またそれは工場や会社の立地の場所的制限を大きく緩和します。高速大量の交通手段が充実していれば、東京の西の端に住んで、新宿のオフィスに通勤することが十分可能になるわけです。最近では新幹線通勤さえ生まれています。

通信手段の発達は、交通手段と同じく、相対的な労働力不足を補う重要な手段です。今日では、アメリカの企業は、注文や苦情を受け付ける業務を海外にアウトソーシングし、英語のしゃべれるインド人オペレーターがアメリカ人オペレーターの代わりに、そして後者よりもはるかに安い賃金で雇用されています。また、ネットを通じて必要な情報を集めることができる現代では、英米の新聞記者や雑誌記者のたぐいも同じようにアウトソーシングがなされています。英語を母語とする人は世界中にいるので、英語圏の労働者の競争相手は世界中にいるわけです。言葉の壁がある日本の場合はこのようなアウトソーシングは難しいですが、しかし違った形で同じような効果が追求されています。たとえば、ソフト開発などの仕事はパソコンとインターネットを使ってどこでもできますので、生活費の安い東南アジアなどに自国の社員を住まわせて、そこでの安い生活費に見合った安い賃金を払って、日本で雇っていた時と同じ仕事をさせるのです。

第二に、生産に必要な種々の生産手段が調達されなければなりません。これは労働手段（機械や工場、オフィスなど）と、部品などの原材料のことですが、これは現代においてはとりわけ石油や種々の希少資源（レアメタルなど）という制約条件を構成します。また、いわゆる生産様式の革命は、マルクスが『資本論』で中心的に検討したような、「協業→分業→機械制大工業」という狭い意味での生産様式（生産の仕方）の変革として起きるだけでなく、「石油革命」の場合に典型的に見られるように、素材革命やエネルギー革命としても起きます。周知のように、これは深刻な地球温暖化を生み、アフリカ大陸では急速に砂漠面積が増え（砂漠化）、生態系に取り返しのつかないダメージを与えるとともに、耕作面積を縮小して、現地の何十万、何百万人もの人々の生活を根こそぎにしています。これが実はテロリスト拡大の遠因の一つにもなっています。伝来の農業で生活できなくなった人が都市に大量に流入し、それが絶望、混乱、憤怒を生み出しているからです。しかし、温暖化対策という触れ込みで推進された原子力発電は、みなさんもご存知のように、取り返しのつかない災厄をもたらしました。資本主義は、恐慌のみならず、このような環境問題に関しても、危機を「解決する」のではなく、それをただ別の形で「たらい回し」にすることしかできないのです。

また生産手段の問題は、インフラや建造環境という「第二の自然」とも結びついており（これもまたすぐれて地理的・空間的な契機）、これはこれで大規模な資金調達手段の発展および国家による計画的プロジェクトと結びついています。今回の金融恐慌においても住宅ローンが決定的な役割を果たしましたが、住宅建設は典型的な建造環境の構成要素です。この住宅建設だけでなく、当時、世界各地で巨大ビル建設や巨大ショッピングモールの建設などの建築ブームが起きていて、これが大量の資金を持続的に吸収する役割を果たすとともに、大規模な恐慌を生み出すエネルギーを蓄積する役割も果たすのです（この講演のあとに出版されたハーヴェイの『反乱する都市』はこの側面を詳細に分析しています）。

第三に、労働力と生産手段とは適当な技術と組織形態のもとで結合されなければなりません。この技術と組織形態との発展は、一方では生産性の上昇をもたらし、したがって特別剰余価値をもたらしますが、他方では、労働者を生産の内外で組織し包摂し有機的に統合する手段にもなっています。二〇世紀においてはテーラー主義やフォード主義、日本のトヨタ主義（ジャストインタイムをはじめ）は、生産性を高める手段であるとともに、労働者を資本に従属させ社会的に統合する手段でもありました。

しかしこのイノベーションの波はしばしば破壊的な影響を資本主義システムに与えます。それは、生産部門間の大規模な不均衡を作り出すだけでなく、過去の大規模な固定資本投資を償却し終わる前にそれを陳腐化させ、大規模な過剰蓄積を生み出すからです。

ところでハーヴェイは、この技術問題に関連して非常に面白い点を指摘しています。マルクスは、近代工業の発展によって、かつては不透明で神秘的であった工業過程が合理的で透明なものになったと考えましたが、今やわれわれはぐるっと一回りして、今日の現代技術は生産過程をおよそ普通の人々には理解不能なものにしています。ハーヴェイがそのさい主として念頭に置いているのは、コンピュータ技術や金融イノベーションによる金融取引の不透明化ですが、同時に原子力にも一言言及しています。ハーヴェイがこれを書いた時点では日本の3・11はまだ起こっていませんでしたが、専門家でさえその全容を知ることのできない原子力技術の複雑さとその脆弱さは、福島第一原発事故という悲惨な経験を通じて満天下に暴露されたわけです。これは現代の巨大化し複雑化した技術の固有の問題であるとも言えます。

生産過程II——包摂、抵抗、労働者統合

第四に、労働過程の統制という問題があります。労働者はモノではなく、意志と行動力とを持った生きた人間です。このような労働者を資本関係の中にただ形式的に組み込むだけでなく、その種々の抵抗（怠惰や欠勤や手抜きという消極的で受動的なものから、組合の結成や団体交渉やストライキのような積極的で能動的なものに至るまで）を打ち破って、資本の利益にかなうように協力的かつ効率的に働く存在にすることは、資本の流れのスムーズな進行にとって決定的に重要です。このような過程をマルクスは「資本による労働過程の実質的包摂」と呼んで、単に労働過程を資本の支配下に置くだけの「形式的包摂」と区別しています。資本はあらゆる手練手管を通じてそれを追求するのであり、生産様式の発展は生産力の発展であると同時にこの実質的包摂の進展でもあり、資本が採用するさまざまな新技術の多くも労働者の抵抗を打ち砕くという性格を併せ持っています。技術は必ずしも中立的ではないのであり、それはしばしば階級的なものなのです。

けれども気をつけてほしいのは、このような「実質的包摂」の過程はけっして資本による一方的な支配の進行ではないということです。労働者が意思と主体性を持った生きた人間である以上、

それを機械のように完全に包摂しきることはできません。労働力の抵抗と団結の大きさに応じて、資本は自らをその抵抗に適合させ、妥協しなければなりませんでした。資本による労働の包摂過程は、包摂対象たる労働過程や労働者のみを変容させるのでなく、包摂主体である資本自身をも、したがって資本による労働編成のあり方をも変容させるのです。

さて、このように、労働者に対する一方的な統制の深化ではなく、労働者の抵抗の契機を内包し、それによる相互変容を不可欠の構成部分とするような有機的な包摂のあり方を私は「労働者統合」と呼んでいますが、それはほとんどすべての資本主義国で何らかの形で存在しています。日本における企業社会的な労働者統合も、資本による単なる支配の貫徹ではないし、けっして「資本の独裁」ではありません。そこにおいても、正規労働者にかぎれば終身雇用の慣行や年功賃金、あるいは春闘形式によるベースアップや企業内福利厚生という形で労働者の側の要求を受容している側面があるのです。だからこそ一九八〇年以降の新自由主義の過程で資本の側はこれらの既得権を破壊するためにさまざまな画策をしてきたのであり、またこのような既得権を保障されていない非正規雇用の爆発的拡大をもたらしているのです。

ちなみに『資本論』ではあまりこの面は強調されておらず、『資本論』を読むだけではあたかも、資本主義的生産様式の発展とともにただ一方的に労働過程における資本の支配と統制が増大するだけの印象を受けてしまいますが、現実の歴史はそういうものではありませんでした。実は『資本論』においても「労働日」の章では、労働者の長期にわたる抵抗と闘いの結果として資本の側も労働日の法的制限を受け入れざるをえなくなり、その新しい条件に自らを適合させそのビヘイビアを変容させていった過程についてもちゃんと述べられており、資本による労働の一方的包摂ではない両者の相互変容と階級妥協の様子が克明に描かれています。しかし残念ながら、この「労働日」章は「絶対的剰余価値の生産」という編にあり、資本による実質的包摂について展開している「相対的剰余価値の生産」の編では、このような相互変容の強調は見られなくなります。

さらにハーヴェイは「労働過程における資本家の戦術には一定の幅がある」ことを指摘しており、ジェンダー、人種、民族、宗教、さらには性的指向までもが労働過程の統制において利用されると述べています。日本ではとくにジェンダー、雇用形態、思想信条などによる分断と差別が労働者統合において決定的な役割を果たしてきましたし、現在も果たしています。

いずれにせよ、生産過程における労働者の抵抗と闘いという潜在的な閉塞ポイントは、「資本主義が存続するかぎり永遠に存在し、したがって永遠に回避されつづけなければならない」ものなのです。何らかの労働者統合が成立し、階級妥協が成立しても、資本蓄積が進行すると、やがてこの旧来の労働者統合と資本蓄積とが矛盾し、衝突するようになるからです。そうなると、資本の側は旧来の労働者統合を破壊しようとします。一九八〇年代以降における新自由主義は、まさにそのような試みの一大プロジェクトであり、それによって再び(一定のタイムラグを伴いつつも)労働者の側の抵抗が大規模に起こるようになります。結局のところ、資本が本源的に生産され再生産されるこの根源的過程における生きた労働者の抵抗こそが、常に資本にとっての最大の脅威でもあるということです。

市場問題と有効需要

次が市場問題です。これは、G―W―G'の過程を通じてのみ搾取と蓄積を行なう資本主義の根本的特徴から生じる本質的な問題です。生産者に対する搾取と階級的抑圧はどの階級社会にも存在します。しかし、資本主義以前の階級社会では、労働者からその労働を具体的有用労働として直接搾取できるし、その生産物を使用価値の形態で直接収奪することができます。ところが資本主義は生産したものを必ずいったんは商品として、したがって抽象的人間労働の物的な凝固物として市場で販売しなければならず、それが売れて価値として実現されないかぎり、それは単なる売れ残りの在庫を形成するだけであって、資本を富ませるのではなく、逆に貧しくします。

マルクスが言うように、商品から貨幣への飛躍は常に「命がけの飛躍」であって、ここに恐慌論において非常に重要な論点である有効需要（支払い能力を持った需要）の不足問題が発生します。そして、この過程においては、「貨幣の集積」で論じた信用が二重の役割を果たします。有効需要の不足だけで恐慌を説明することができないのは明らかであり、有効需要の不足は単に不況ないし停滞をもたらすだけです。本質的には制約されている有効需要が、一時的に過剰需要状態を呈することが必要なのであり、そうした現象にとって決定的役割を果たすのが、信用（および商業資本）であり、生産に長期的な時間と大量の生産財を必要とする大規模事業なのです。すなわち、信用は一方では、生産する側に莫大な資本を貸し付けて大量生産を可能にするとともに、他方では消費者にローンとして貸し付けられて、架空の大量消費をつくり出します。また信用によって資金調達された大規模事業（典型的には住宅やビル建設などの建造環境投資）は、生産された商品が市場に投入されるまでは生産財への大規模な需要をつくり出しつづけます。こうして、生産者も消費者もその身の丈をはるかに超えた巨額のお金に振り回され、それがやがて恐慌を生み出すのであり、今回の金融恐慌も典型的にそのパターンを踏襲していました。

このように、最初の貨幣の集積から始まって、それが市場に投資されて必要な諸手段（労働力と生産手段）が購入され、それらが適切に結合されて生産過程が遂行され、そこで生産された新商品が市場に再び入って、より大きな貨幣となって資本家の手中に戻ってくるという、この一連の過程（資本循環）の流れこそが資本の存在形態そのものなのであり、その流れを中断させる重大な事態がどこかのポイントで生じたならば、資本は減価の危機にさらされ、場合によっては恐慌をもたらすわけです。

種々の恐慌論

ハーヴェイは、資本の流れについて論じた後、第四章で種々の恐慌理論を検討しています。利潤圧縮説、利潤率の傾向的低下説、過少消費説（有効需要の不足説）、の三つがそれです。ここに、ハーヴェイが本文で少し触れた部門間の不比例説も加えることができるでしょう。ハーヴェイはこれらの説のあいだで激しい論争が繰り広げられていることを指摘しています。実際、今回の二〇〇八年金融恐慌を説明する左派の論客のあいだでも類似の論争がなされました。これに対してハーヴェイは大胆なオルタナティブを提起しています。単一の因果関係にもとづいた厳格な恐慌モデルをつくるのではなく、資本の流れに存在するさまざまな閉塞や制限がそれぞれ他のものと結合して恐慌に転化しうるのだという、多元的モデルを提示しています（ハーヴェイの恐慌論については本章末尾の「補論」も参照）。資本の流れの全体はすでに述べたように多くの潜在的な限界と制限を有しており、そのいずれもが恐慌の可能性をつくり出すのであり、しかもそのいずれかが回避されても、それによって別の問題が生じ、別の制限に突き当たります。これによってさまざまな形態で危機が潜在的に生じるとともに、その危機があちこちに「たらい回し」されながらしだいに増幅していき、やがてはそれは抑えきれなくなって、何らかの形で一気に顕在化し、恐慌という激発的形態を取るのです。

これは統一された普遍的な恐慌理論を望む人々にとっては不満かもしれませんが、きわめて複雑な恐慌形成メカニズムを図式主義に陥ることなく解明するアプローチとしてはなかなか有益なものであるように思われます。以上はしかし、まだ恐慌の可能性論、あるいはせいぜい蓋然性論にすぎません。そのより現実的な展開が必要であり、それは歴史的のみならず地理的観点からも考察されなければなりません。そこでハーヴェイは続いて「資本主義発展の歴史地理をそのあらゆる複雑さにおいて理解することを可能とするさらなる分析道具が必要である」と述べて、私の言う第三の部分（第五〜七章）へと進んでいるわけです。この過程においてまさに、恐慌の可能性ないし蓋然性であったものが、具体的な歴史的・地理的状況のもとで真に現実化するのです。

3、『資本の〈謎〉』の第三の部分――資本の歴史的・地理的展開

この第三の部分では、ハーヴェイの専門領域である経済地理学との関係が深くなります。第五章は資本主義発展の「共進化」について論じており、第六章は資本主義の地理を論じ、第七章は両者の統一としての資本主義の地理的不均等発展とその領土的制度化について論じています。

資本主義の共進化

「共進化（co-evolution）」というのは経済学ではあまり使われない用語ですが、ハーヴェイはこの概念を用いて独自の議論を展開しています。資本主義の本質、その根本的な運動原理をなすのは先ほど見てきた「資本の流れ」そのものであり、それを通じた価値増殖＝資本蓄積運動です。この運動原理を中心として、その周囲にさまざまな「活動領域」が有機的に配置され、それらが相対的に自立的に進化しながらも、相互に作用しあい、規定しあいながら、またしばしば矛盾しあい、衝突しあいながら、究極的には資本の運動原理に適合した形で、一定の動的な全体性（システム）を形成していく発展過程のことを、ハーヴェイは「共進化」と呼んでいます。

そこでまず、この共進化の中心に位置する資本の運動原理について改めて見ておきましょう。すでに述べたように、それはまずもって「G―W…P…W'―G'」という資本循環です。しかし、マルクスは、『資本論』第二巻において、この資本循環を、貨幣資本循環、生産資本循環、商品

資本循環という三重の循環として考察しています。私はこれを「資本の社会的DNA」と呼んでいます。通常のDNAは二重らせん構造ですが、資本のDNAは三重らせん構造なのです。

その核心となる循環は最初に考察した「G—W…P…W'—G'」という貨幣資本循環であり、これは、最初の「貨幣（G）」がますますより多くの「G'」へと無限に増大していき蓄積されていく過程を表現しているわけですから、ハーヴェイの言うところの「終わりなき資本蓄積」という原理を意味しています。これが三つの資本循環の中でいちばん「核心」に位置するというのは、資本というのは何よりも、価値という抽象的富の自己増殖過程として存在しているからです。第二の資本循環は、「P…W'—G'—W…P'」という生産資本循環です。これは、最初の「生産（P）」がますます大規模な「P'」へと拡大していく過程を表現しているわけですから、ハーヴェイの言うところの「絶え間ない複利的成長」という原理を表現しています。

ハーヴェイは資本の原理としてこの二つだけを指摘していますが、私はそれに第三の資本循環に即した第三の原理を追加しておきます。その第三の資本循環とは、「W'—G'—W'…P'…W''」という商品資本循環です。これは、「商品（W'）」から始まって、より多くの、あるいはより多様な商品（W''）へと移行する過程を表現しているわけですから、これは「あらゆるものの商品化」という原理を表現しています。この「商品化」の最初の段階は、もともと非資本主義的に生産されていたものを資本主義的商品として生産し人々が消費するようになることです。これはちょうど、資本による労働過程の形式的包摂に類似しています。第二段階は、それ以前の社会に存在していなかった独自に資本主義的な商品を生産し消費する段階です。これは、資本による労働過程の実質的包摂に類似しています。第三段階は今日の新自由主義のもとで進行しているように、本来商品にすべきではないもの（たとえば遺伝物質や水など）さえ資本主義的商品と化していく段階です。今では精子バンクという形で生殖能力さえ商品化されており、炭素排出権や命名権といった単なる「権利」さえも商品として売買されています。債務でさえ証券化されれば商品となります。私たちは現在、この第三段階におり、そもそも何が商品になってもよくて、何が商品であるべきでないのかをめぐっても社会的・階級的闘争が行なわれていますし、行なわれなければなりません。

このように、資本の本質は三重らせん構造になっており、それぞれが資本の運動原理を表現しているわけです。しかし、資本主義が自立したシステムになるためにはこの社会的ＤＮＡだけでは足りません。ＤＮＡだけで生物が構成されているわけではないのと同じです。それは、細胞や骨や血や肉や神経などを身にまとって、一個の有機的生命体にならなければなりません。資本も同じであって、その社会的ＤＮＡだけでは一個の生きた有機的な社会システムにはならないのです。

このＤＮＡの周囲に配置されるものをハーヴェイは「活動領域（sphere of action）」と呼んでおり、七つの活動領域を列挙しています。技術と組織形態、生産過程、自然との関係、日常生活と種の再生産、社会的諸関係、世界に関する精神的諸観念、社会的・行政的諸制度、の七つです。文脈しだいでは、もっと別の「活動領域」（たとえば国際関係）を追加してもいいと思いますが、必要不可欠なのが少なくともこの七つだということです。ちなみに、ハーヴェイの以前の著作である『〈資本論〉入門』では「六つの契機」が提示されていて、「社会的・行政的諸制度」が抜け落ちていました。「社会的・行政的諸制度」が構成要素に入ったのは、『資本論』の範囲を超えて資本主義システム全体の成立を考察する上でも、また本書の第八章で社会変革論を論じる際にも必要不可欠だったからでしょう。

さて、資本の社会的DNAと適合的な形でこの七つの活動領域が（矛盾や緊張関係をはらみながらも）相互作用しつつ連関的に発展していって、資本主義は一個のシステムへと発展していくのです。これが資本主義の共進化です。ハーヴェイが言うように、これらの七つの活動領域は相対的に自立的に発展し、相互にきわめて不均等に発展するので、しばしば多くの不整合と偶発性をつくり出します。そして、ある時期のある地域においては、これらの活動領域の一つないしいくつかが規定的役割を果たし、それ以外の諸活動領域に巨大な圧力を加えて、その変化を促すことができます。時には自然との関係の変化（グローバルな環境問題や原発事故など）が、時には技術革命（産業革命やIT革命など）が、時には行政的・社会的諸制度の革命が、そうした役割を果たします。

ハーヴェイは、これまでの社会理論においては、これらの活動諸領域のどれか一つが決定因とされることで単純化されてきたと言っています。俗流マルクス主義的な技術決定論、エコロジストの環境決定論、一部のフェミニズムにおける再生産決定論、さまざまな啓蒙思想が信奉していた精神的諸観念決定論、等々です。最近では一部のアナーキストは「社会的諸関係」における変革をシステム全体の変革の決定因と考えているようです。しかしハーヴェイは、これらの活動領域のいずれか一つを全体の究極的決定因にすることには否定的です。ハーヴェイは、資本主義自身がまさにこれらすべての「活動領域」における（地理的・歴史的に不均等で断続的な）諸変革を通じて封建制に取って代わったことを指摘しつつ、資本主義からの離脱もまたこれらすべての「活動領域」における変革を必要とするだろうと示唆しています。この問題は第八章で改めて論じられているので、ここではこれぐらいにしておきます。

資本の地理学

第六章は「資本の地理学」について論じており、ハーヴェイの真骨頂とでも呼べる部分です。マルクス主義の伝統では「歴史」というのは非常に重要な位置に置かれています。エンゲルスもマルクスの二大発見は剰余価値論と史的唯物論だと指摘しているぐらいです。唯物論を歴史的に見る、あるいは社会を歴史的に見るというのがマルクス主義の中では常識となっています。しかし、世界は歴史的次元においてのみならず地理的次元においても存在しています。

ハーヴェイはもともとは非マルクス主義者で計量経済学的な地理学者でした。それが一九六〇年代における社会の左傾化の中でマルクス経済学者になりました。そして、ハーヴェイはマルクス主義者になった時から、史的唯物論は事柄の半分でしかなく、地理的な条件もつねに考察の中に入れなければならないと主張し、「史的地理的唯物論」というものを一貫して唱えてきました。

日本語で一般に「地理」というと、気候や地形などの自然地理のことが思い浮かべられます。しかし、経済地理学で言うところの「地理」とはすぐれて社会的な存在であり、「地理の生産」という発想をします。特に地理を大規模に生産してきたのは資本主義です。資本主義は単に社会環境を変えるだけではなく、地理的景観そのものを大きく変貌させてきました。日本列島の海岸線も高度経済成長の中で大きく変貌しました。関東平野も元々は海や川や沼地だった場所を埋め立てて東京という巨大都市がつくられました。自然地理そのものが社会的に変革され、絶えずつくり直されるのです。それだけでなく、都市という社会的構築物も「地理」概念の中に含められています。そして、近代資本主義の独自の地理的産物である近代都市こそが、まさに資本主義の蓄積運動において最も重要な動的器であり、かつ資本の蓄積運動の構成要素にもなります。それをハーヴェイは「資本のアーバナイゼーション」と呼んでいます。「アーバナイゼーション」というのは普通は「都市化」と訳されますが、「都市化」では不十分なので、経済地理学では「都市空間の形成」と訳されています。

資本主義以前にも都市がありましたが、資本主義以前の都市は基本的に行政都市か商業都市であって、産業都市ではありませんでした。江戸時代の日本で言えば江戸は行政都市であり、堺は商業都市でした。そういう都市でも小規模な生産はもちろん行なわれていましたが、大規模な産業都市は存在していませんでした。それに対して資本主義は農村や都市郊外に大規模なインフラを建設し、工場を集中させて、巨大な産業都市、工業都市を創り出しました。現在の中国ではこの過程がとてつもない規模で進行しています。

山岳国で平野部分が極端に少ない日本は、資本主義以前からの伝統的都市の多くがそのまま近代工業都市にもなった事例ですが（それでも面積が足りないので大規模な海岸の埋め立てや山の切り崩し、河川の地下化などが行なわれた）、他の国では、もともとの行政都市とは別のところに、あるいはその近郊に巨大な工業都市が作られる場合の方が普通です。なぜ行政都市でなかったところに工業都市をつくるかというと、地理的面積が広いだけでなく（自然的要因）、その方が規制や制約が少ないからです（社会的要因）。古い都市は、いろんな行政官や土地所有者、貴族などが既得権を持っており、さまざまなしがらみや制約が多いわけです。そういうものが少ない農村や郊外に資本を集中させて、一大工業都市がつくり出されます。そしてそれが可能となるためには、先ほども述べた交通・通信手段が発達しなければならず、その面からも地理的景観が作りかえられていきます。たとえば、物資や商品や人を大量かつ長距離で運ぶ鉄道は資本主義の背骨であり、国の隅々に物資と人を運ぶ道路網は資本主義の血管です。このように資本主義は地理そのもの、空間そのものを生産しながら発展していくわけです。この過程は資本蓄積の運動を理解する上でも決定的に重要です。

『資本論』第一巻で私たちが出くわすのは基本的に「工場」という空間単位です。資本の空間として想定されるのは、たいていはこの「工場」です。しかし、資本主義の歴史を見ますと、工場も重要ですが、もっと重要なのは都市という空間単位です。工場というのはそれ単独では機能しません。そこに原材料や機械を運んだりそこから商品を搬出するための道路や鉄道、商品や燃料を保管する倉庫やタンク、そこで働く労働者が生活するための住宅や商店や学校や病院、工場を動かすのに必要な電気や水道を送る施設や設備、等々がそろってはじめて、それは資本の生産手段として機能するのです。

そして、都市という巨大で複雑な空間を建設することの方が、工場を作るよりも、はるかに巨大な資本を吸収します。道路、鉄道、駅、住宅、商店、倉庫、学校、病院、港湾、空港、電気、上下水道、ガス、街灯、などによって都市が成立します。ハーヴェイはこれを「建造環境」と呼んでいるのですが、それを建設することは単独の資本ではとうてい不可能です。資本の大規模な結合、株式会社、国家の大規模な介入と援助、巨大な金融機関や新しい信用手段の動員などが必要になるのであり、要するに諸資本の総体が必要になるのです。総資本の蓄積過程というのは現実的には、何よりも都市空間の形成過程として存在するわけです。『資本論』の第一巻でもその蓄積論においては労働者の生活空間としての都市がクローズアップされ、そこでの貧困問題が取り上げられていますが（これはエンゲルスの『イギリスにおける労働者階級の状態』での議論を引き継ぐものであり、この点に関しては本書の第6章を参照）、資本の蓄積運動そのものによって絶えず生産され再生産される動的空間としては考察されていません。しかし、資本が自らの姿に似せてつくる世界は何よりもこの都市空間なのであり、それこそが資本蓄積の存在様式なのです。

このような都市を生産する過程が資本主義の巨大なダイナミズムと強力な成長軌道を生み出すのであり、それがまた同時に過剰蓄積と恐慌を生み出す重要な役割を果たします。たとえば一九七三年の石油ショックによる世界長期不況への転換は石油ショックだけが原因なのではなく、ハーヴェイはその前に不動産バブルの崩壊があったと指摘しています。そしてそれに石油ショックが輪をかけたわけです。

資本主義の成長ダイナミズムを生み出す上で巨大都市を建設することがいかに重要であるかを典型的に示すのは、日本の高度経済成長です。農村から都市への大規模な人口移動が起きて、それまで海や海岸だったところに巨大な工場群が建設され、それまで田畑や山林だった場所が広大な住宅街や学校や病院や商店などの林立する生活空間に変貌しました。そしてその過程は今も続いています。

ハーヴェイが例として出しているのは第二帝政期のパリと戦後期のアメリカ郊外です。パリについてはハーヴェイはすでに『パリ――モダニティの首都』（邦訳は青土社）という一冊の本を書いています。ハーヴェイは長年フランスに留学していてフランス語が流暢です。ルイ・ボナパルト治下の第二帝政期においてパリは大規模に改造され、最も近代的な大都市として形成されました。これは、大規模な新しい金融手段によって可能になったのですが、それは大量の過剰資本と過剰労働力を吸収して、高成長と好況の好循環をつくり出し、一八四八年における資本主義の危機をその後回避することにつながっただけでなく、人々の考えやライフスタイルにも大規模な変化を引き起こしました。そして、パリのあの大通りを建設した動機の一つがパリ労働者によるバリケード構築を不可能にすることでした。しかし、その過程はいつまでも続くものではなく、やがてそれは過剰投資、過剰蓄積、信用の過剰拡張をもたらして、破綻するに至ります。そしてそれはやがて普仏戦争を経て、パリ・コミューン（一八七一年）という一大革命事件へとつながっていくのです。

このように、資本主義と階級闘争のダイナミズムは、都市空間の形成と再形成というアーバナイゼーションの過程を通じて生み出されているのであり、ハーヴェイはそういう非常に面白い論点を提示しているわけです。これは余談になりますが、一般に「ボナパルティズム」というのはこの時のルイ・ボナパルトの体制を念頭に置いた上で、階級対立が緊張の極に達し、諸階級間の力が均衡した時に、その頂点に諸階級を超越したかに見える一個の独裁者が君臨する体制として了解されており、長期存続不可能な例外的体制とみなされていますが、実際にはルイ・ボナパルトの体制は、たしかに国民投票やボナパルト個人の人気などによって政権運営した側面があるとはいえ、全体としては、安定した資本蓄積を可能とする本来の資本主義国家を構築しようとしたのであり、ボナパルティズムという言葉で理解されているものとはかなり異なります。

資本主義の地理的不均等発展

さて、第七章は新自由主義の歴史的共進化とその地理的展開との統一として地理的不均等発展を論じています。

まずハーヴェイは、資本蓄積が「創造的破壊」を繰り返しながら「第二の自然」をつくり出すとともに、さまざまな環境問題を生み出してきたことを指摘しています。さらに資本蓄積による時空間編成の短期的リズムは、他の論理、とりわけ環境や日常生活におけるより長期的な時空間的枠組みと絶えず衝突することを指摘しています。

このような矛盾は、資本蓄積の内部における時空間編成にも見出せます。ハーヴェイが以前から何度も繰り返していますが、資本が流動的で可動的なものになるためには、それに必要なさまざまなインフラや施設などが土地に固定され不動化されていなければなりません。たとえば商品や原料や労働者をスムーズにある場所から別の場所に運ぼうとすれば、鉄道や空港や幹線道路網などの固定された大規模設備が必要になります。可動性を作り出すために長期にわたって資本が不動化されなければならないわけです。しかし、それが作り出されるまで何年もかかりますから、その間は巨大な資本を吸収し続けて巨大な有効需要を創出し、好況をますます過熱させますが、その間に景気の潮目が変わります。そうすると、それに投じた資金は回収されず、それは巨大な焦げ付き債務となり、逆に恐慌をいっそう大きくします。このような可動性と固定性との矛盾は、恐慌の発生と激化を生み出す一つの重要な源泉となります。

そうした可動性と固定性との矛盾した関係は資本と国家の関係にも言えます。資本蓄積がスムーズに進行するためには、国家は絶対必要です。資本には、国家の支出にもとづくさまざまなインフラ、国家が設定する共通のルールや通貨や中央銀行、均質で一定の教育を有した労働力、法や治安を維持する警察、等々が絶対に必要です。しかしながら、それと同時に、国家が作り出す領土的限界や国内法や規制の種々の枠組みは、資本の運動に対する障壁をもつくり出します。資本は絶えずこのような既存の枠組みに順応するとともに、それを自らの利益に添った形で改変しようとします。

このような流動性と固定性の矛盾は国際的にも作用します。すなわち、資本の本質である国際的流動性・可動性と、国家そのものが持つ領土的・制度的固定性との矛盾が国際的資本移動として新たな次元で展開されます。たとえば、今日では多国籍資本は、一方では、人々が払う税金でまかなわれているさまざまな物的インフラや均質な労働力やさまざまな制度的インフラを本国内でふんだんに利用しながら、形式的に会社を税率が著しく低いか無税の海外のタックスヘイブンに設立して、大規模な税金逃れをします。このような多国籍資本のあり方は、資本の流動性と国家の固定性との矛盾を資本の利益に沿って解決する一手段なのです。

4、『資本の〈謎〉』の第四の部分――「共-革命的」理論

最後に第四の部分です（第八章）。資本主義というのはその一般的な運動原理（社会的DNA）のレベルでも、また実際に資本主義として発展していく具体的過程においても、常に恐慌を生み出す内在的傾向を持っています。ハーヴェイはこれを「資本の恐慌体質」と呼んでいます。それをどうするのかというのが、この第八章です。解説で伊藤誠さんが書いているところでは、この論文は発表当時に左派サークルの中で回し読みされ、大きな反響を呼んだそうです。

「共-革命的」理論

すでに「共進化」のところで説明したように、資本主義というシステムは、その三重らせんの社会的DNAを核心としつつも、その周囲にはそれに一定照応した七つの活動領域を配置し、それぞれが内的矛盾や相互間の緊張を含みながらも動的に均衡しています。そうだとすると、資本主義の変革というのも、活動領域の一つ（たとえば社会的・行政的諸制度）だけの変化では実現できないということになります。資本の運動原理を最終的に別の運動原理に置きかえることと並んで、七つの活動領域を横断するトータルな変革の営みが必要になるわけです。これをハーヴェイ

は「共‐革命的（co-revolutionary）」理論と呼んでいます。このように七つの領域を特定してそのトータルな変革について議論しているのは、日本の既存のマルクス主義の議論では見られないものであり、非常に興味深いし、非常に独創的です。私たちはそこから多くのものを学ぶことができるのではないでしょうか。

それぞれの活動領域には、限定されているとはいえさまざまな運動がすでに存在しています。例えば、自然との関係という領域を見ると、さまざまな環境運動が存在しています。とくにこの日本では、3・11以前はきわめてマイナーであった反原発運動が全国的運動になっています。生産過程ないし労働過程の領域では、衰退してきているとはいえ伝統的に労働運動が存在しますし、昨今では非正規労働者や若者や女性労働者などを主体とした新しい労働運動も起こっています。精神的諸観念や社会的諸関係の領域では、さまざまな人権擁護運動やイデオロギー闘争が存在しています。社会的・行政的諸制度の領域では、新自由主義、金融投機、経済不平等、緊縮政策に反対する運動が存在しています。

全体としての左翼的政治運動が停滞している今日においても、個々の活動領域をみればそれなりに活発に運動が取り組まれています。金融投機と経済的不平等に反対する闘争、緊縮政策に反対する運動、環境保護運動、新自由主義に反対する運動、人身売買に反対する運動、女性や少数民族の権利のための運動、先住民の権利のための運動、そしてもちろんのこと、この日本では原発に反対する運動、等々。問題なのは、それぞれの領域で孤立し連携関係が弱いことです。それらが全体としての反資本主義運動に結実していません。ハーヴェイは、いかにこれらの運動間で同盟関係を構築し、大規模な反資本主義運動へと連合していくことができるかが今後の重大な課題であると指摘しています。

その際ハーヴェイは特別に「世界に関する精神的諸観念」の変革の重要性について述べており、その変革において果たしうる批判的知識人の役割について論じています。この問題はこの日本でもきわめて重要です。二〇〇八年の世界金融恐慌にもかかわらず、この日本では新自由主義的思考がいまだに圧倒的に支配的だからです。日本で起きているのは「一%に対する九九%の反乱」ではなく、一般公務員と福祉受給者に対するバッシングであり、また在日外国人に対する攻撃です。財政再建策として受け入れられているのは、大企業と富裕層に対する増税でも、通貨取引や金融取引に対する課税でもなく、ましてや銀行の国有化ではなく、消費税の増税と福祉の削減であり、公務員のいっそうの削減です。正規と非正規との格差是正が語られるときには、正規の労働条件を非正規に近づけることがあたかも現実的なオルタナティブであるかのように語られています。政財界癒着のもとで推進された原発政策に対するオルタナティブは、民主主義的に計画された公共的な電力供給体制の構築ではなく、市場主義的な電力自由化論です。このような流れに抗する闘いは、それ自体として重要な一つの活動領域をなします。

資本蓄積の二つの形態と変革の担い手

では、この反資本主義運動の担い手となるのはどういう人々なのでしょうか?　ハーヴェイはこれについては、『新自由主義』以来、資本の二つの蓄積様式に照応した大きな二つの諸集団を想定してきました。この二つの蓄積様式とは、一つは『資本論』で主要な対象とされている「拡大再生産による蓄積」であり、もう一つが「略奪による蓄積」と呼ばれているものです。この「略奪による蓄積」は、資本主義の勃興期における本源的蓄積において決定的な役割を果たしました。では、本源的蓄積が終わり、通常の資本主義システムが成立すれば、「略奪による蓄積」はなくなるのでしょうか？ マルクスにあってはそうみなす傾向がありましたが、実際にはそうではありませんでした。

この問題に関してはマルクス主義の歴史ではそれなりに長い伝統があります。たとえば、ローザ・ルクセンブルクは『資本蓄積論』において、『資本論』で描かれている通常の蓄積とは別に、資本主義成立後も「本源的蓄積」はずっと継続しているという議論をしています。ところが、ローザの場合、それは資本主義的中核と周辺の非資本主義的世界との間で起きていることになっています。マルクスが資本主義の生成期へと歴史的に限定した「略奪による蓄積」を、ローザ・ルクセンブルクは非資本主義的周辺へと地理的に限定しているわけです。

しかし、「略奪による蓄積」は資本主義の生成期には限定されないし、ローザ・ルクセンブルクが言うような非資本主義的周辺にも限定されません。たしかに、この両方においてこの「略奪による蓄積」が最も露骨であり、それが蓄積の主要な形態でした。しかし、資本主義が社会的に確立された後の資本主義的中核諸国の内部にも、「略奪による蓄積」は日常的に行なわれてきたのです。ただ、資本主義生成期や非資本主義的周辺と違って、資本主義の中核部分ではこの「略奪による蓄積」は蓄積の主要な形態ではなく、副次的形態であっただけのことです。

実は『資本論』をつぶさに読むと、マルクスも資本主義的生産の真っ只中に「略奪による蓄積」が存在していることをあちこちで言っていることがわかります。労働者が本来の労働力価値以下の賃金で働かされているとか、女性や子どもが残虐に搾取されているとか、異常な長時間労働による生命力そのものの収奪、都市の家内労働や農村の農業労働者に対する過剰搾取などです。実際、マルクス自身、このような過剰搾取を「労働者の必要消費元本の直接的略奪」による蓄積であるとさえ述べています（現行版『資本論』第一巻、大月書店、七八六頁）。

さらには、孤児が労働力不足の地域に輸出されて、そこでただ同然でこき使われている実態が『資本論』の中で告発されています。このような事態がマルクスの時代に限定されていなかったことは、二〇一二年に日本でも上映された『オレンジと太陽』というイギリス映画で広く知られるようになりました（監督はあのケン・ローチの息子のジム・ローチです）。そこで描かれているように、このような「児童移民」は一九七〇年までイギリスからオーストラリアに向けて組織的に行なわれ、一三万人もの孤児が、事情も知らされないままオーストラリアに送られて、そこでただ同然の労働力としてこき使われていたのです。このように「略奪による蓄積」は、資本主義生成期や非資本主義的周辺に限定されているのではなく、資本主義世界の真っ只中で、「拡大再生産の蓄積」と連動しながら、あるいはそこにビルトインされた形で存在しているわけです。

「略奪による蓄積」という概念は新自由主義になってからクローズアップされるようになりました。新自由主義とは、労働者の組織を解体し労働者の権利を縮減して、労働者を過剰搾取することであり、また公共部門を解体ないし民営化して、本来は社会的な公共財であったものを民間資本が収奪して自分たちの金儲けの手段にしてしまうことであり、あるいは略奪的金融の諸手法を用いて一般大衆の財産をむしり取ることです。あるいは、第三世界では、現地住民の土地や水資源や森林資源などを略奪して、金儲けの手段にすることです。これらはみな「略奪による蓄積」の諸形態です。ブルジョア的文献でもサブプライムローンは略奪的貸付と呼ばれています。この「略奪による蓄積」の被害者層は生産過程における労働者だけではなく、現代社会に生きる実にさまざまな人々が犠牲者になっています。

このように、資本主義には常に二つの蓄積様式が存在してきました。それゆえ、ハーヴェイは、「拡大再生産による蓄積」で搾取されている集団と、「略奪による蓄積」で略奪・剥奪されている諸集団という二つのタイプの諸集団（両者はしばしば重なっている）こそが、今日における資本主義的蓄積の被害者であるとし、したがって、この両集団を変革の主要な担い手であると想定しています。

前者の集団の主要な利益代弁者となってきたのは伝統的に労働組合と労働者政党でした。そして、後者の諸集団の主要な利益代弁者となっているのは、時に労働組合や労働者政党もですが、それだけでなく、さまざまなＮＧＯや市民運動や人権団体もです。それゆえ、新自由主義的資本主義の変革のためには、これらの諸集団およびその利益代弁者たちの連合が必要になるわけです。逆に言うと、この二つの集団が手を組まないかぎり、資本主義は克服されえないわけです。

ちなみに前者に関しては、ハーヴェイは、工場やオフィスという狭い地理的基盤だけではなく、都市というもっと大きな地理的基盤におけるさまざまな生産的労働者たち（建設労働者、運輸労働者、点検や修理を行なうメンテナンス労働者、種々のケア労働者など）に注目することの重要性を指摘しており、このテーマは、ハーヴェイの次の著作である『反乱する都市』でいっそう詳しく論じられています。この両集団のあいだに同盟関係を構築することが反資本主義運動において決定的に重要であるとハーヴェイは述べています。

金融資本主義を規制するために

今日、暴走する金融資本にどのようにタガをはめるのかという問題が世界の反資本主義運動でさまざまに提起されています。

一つは、国際通貨取引にごく低率の税金をかけるというトービン税です（最も中心的にこれを主張しているのがＡＴＴＡＣです）。金融取引は実体経済の取引の何十倍にも膨れ上がっているので、その一回の取引にたとえば〇・五％の税金をかけるだけでも多額なお金が得られるので、それを教育や貧困撲滅に当てることができます。〇・五％でも税金がかかれば、金融取引の暴走に一定の歯止めをかけることができるし、それによって形成された財源を福祉や教育などに用いることができるわけです。最近、欧州連合がこのトービン税の検討を始めたというニュースがありましたが、非常に重要な手がかりになるのではないかと思います。

他には、ヘッジファンドを禁止することもその一つです。ヘッジファンドは投機の専門集団であって、内実はぜんぜん公開されておらず、一種の金融秘密結社のような存在です。彼らは投資家から集めた莫大な資金を担保にその何倍、何十倍ものお金を借りて、金融投機に使ってきました。これは、世界中で金融恐慌をはなはだひどくした一つの重要な要因でした。銀行も自分たちが集めたお金よりも大きな資金を貸し出すということをしますが、それには厳格な法的制限や規制があります。ところが、ヘッジファンドは銀行でないので、集めたお金の一〇倍、二〇倍、場合によっては三〇倍ものお金を借りて投機することができます。一番バブリーな時期には自己資金の四〇倍もの資金を借りて投機をしたヘッジファンドがあったそうです。

四〇倍ということは、投資した金融商品のわずか二・五％が焦げ付いただけで元本が吹き飛んでしまう規模です。そのようなことをヘッジファンドは平気でやっていて、そのせいで世界中が金融恐慌の波に呑まれたわけです。だから、ヘッジファンドは禁止するか厳しい制約のもとに置かなければならないという主張が出るのも当然です。

また、先に紹介したCDOのように、債務証券をさらに証券化して売りさばくような錬金術的証券を禁止することも必要でしょう。そんなものは一九九〇年代末まではなかったし、そんなものがなくても金融は十分に成り立っていました。

よりラディカルな意見は、主要銀行をすべて国有化して金融資本主義化をもっと根本的に制御すべきだと主張している人々もいます。たとえば、スーザン・ジョージは『これは誰の危機か、未来は誰のものか』（邦訳は岩波書店）ではっきりとそう主張しています。恐慌で破綻寸前に至った銀行には大量の公的資金が投入されて、事実上、国有化されています。だとすれば、いっそのこと公式にも主要な銀行を国有化してしまい、その膨大な資金が投機資金に流れるのではなく、人々の生活と経済を維持し発展させるという本来の機能に使われるようにするべきだということです。

それから、「空売り」という投機的手法を禁止することも一つの手段になります。マイケル・ルイスの『世紀の空売り』（邦訳は文芸春秋社）では、「空売り」という手法がどのように金融恐慌に関わっているかが克明に書かれています。これは非常におもしろい著作なので、ぜひ実際に読んでみてください（その後この著作は映画化された）。当時の住宅・金融バブルはすでに二〇〇五～二〇〇六年にピークを迎えていました。住宅価格の上昇は鈍化し、逆に住宅ローンを払えずに抵当流れを引き起こす人々が増え始めていたのです。バブルが崩壊に至るのは時間の問題でした。しかし、金融の世界に身を置いていたほとんどの人はまだまだこのバブルは続くと思って、踊り続けていたわけです。その一方で、遅くとも二年以内にはこのバブルは崩壊するだろうと確信したごく一握りの人がいました。この著作は、この一握りの人々の物語です。彼らは、他の人々が今後もバブルが続くことに巨額の金を賭けつづけている中で、逆にバブルが崩壊する方に賭けたわけです。株や通貨が上がる方に賭けるのを金融用語で「ロング」と言い、下がる方に賭けることを「ショート」と言います。「ショート」を訳すと「空売り」ということになるので、バブルがはじけたときに儲かる取引がこのショートです。それゆえ、この世界的な金融恐慌の直前にショートの方に莫大なお金をかけて、巨額のお金を一瞬のうちに儲けた人々の行為を、マイケル・ルイスは「世紀の空売り（ザ・ビッグ・ショート）」と呼んだわけです。

普通の株取引の場合の「空売り」ですと、まず株を借りて、その株をどんどん売って、株価が大きく下がったところで株を買い戻し、そして株を（利子をつけて）返します。たとえば一〇億円相当の株を借りて、それを証券市場で売りまくってその株価を暴落させ、六億になったところで買い戻したとしたら、差し引き四億の儲けになります（厳密には借りた株をそのまま一〇億で売れるわけではないので、儲けはもう少し少ない）。実際には株を買ってないのに株を売るから、これを「空売り」というわけです。普通は株を買って株価が上がってから売ることで儲けるのだけれど、「空売り」という手法を用いると、株価が下がることでも儲けることができるわけです。通貨の場合も同じ手法が使われます。この「空売り」という手法は、株価や通貨の乱高下や恐慌を生み出しやすい非常に投機的な手法であって、有名なジョージ・ソロスもこの手法を国際通貨取引で用いて、莫大な儲けを上げました。

二〇〇八年の世界金融恐慌の時に主役となったのは、通常の株ではなくさまざまな債券でした。例のCDOのような債務担保証券も、この債券の一種です。債券は株や通貨などとは違って、通常の意味での「空売り」はできないので、実質的に空売りと同じ効果を持つ手法がとられました。それがCDSと呼ばれる新たな金融商品でした。CDSというのは債券が焦げ付いた時の一種の保険商品です。たとえば火災保険なら、実際に火事になることはめったにないが、実際に火事になったら大変なので、毎年二万円とか三万円とかの小額を払い込んで、実際に火事が起こって全焼した時にはたとえば二〇〇〇万円まで補償される、という仕組みですね。それと同じものを二〇〇〇年以降に、債務担保証券に対して作ったのがCDSです。一定の保険料を一定期間中は毎年払い続けて、その期間中に債務担保証券が破綻したら、保険金が支払われるという仕組みです。CDOというのは住宅ローンが利子つきできちんと返済されるという条件にもとづいてつくられた商品ですから、バブルがこれからも続くという方に賭けた人がＣＤＯを買い、数年内に破綻するという方に賭けた人がＣＤＳという保険の方を買うわけです。

たとえば、ＣＤＳが補償するＣＤＯの総額が一〇〇億円だとして、毎年一〇億円ずつ保険料を支払うとすると、十年内にＣＤＯが破綻すれば、ＣＤＳを買った側が儲けることになります。たとえば、三年後にＣＤＯの五割が破綻すれば、三年間で三〇億円の保険料を支払っていますが、五〇億円の保険金が支払われるので、差し引き二〇億円の儲けになるわけです。この保険料の算定は、保険対象の商品が何年のうちに何％が破綻するかというリスク計算によって算出されるのですが、当時、ＣＤＯは非常に過大評価されていたので、リスクが非常に低く見積もられ、ＣＤＳの保険料も低く設定されていました。それで、みんながＣＤＯを買っていたときに、ごく一握りの人たちはバブルが遅くとも二〜三年以内に破綻すると確信して、莫大な量のＣＤＳを買って買って買いまくったわけです。

崩壊すると確信している側から見れば保険料は安い買い物です。逆にＣＤＳを売った側は、濡れ手に粟で保険料が手に入りますから、売りまくりました。このＣＤＳを売った企業の中に有名な巨大保険会社であるＡＩＧがあって、それが金融恐慌の中で破綻しました。なぜ金融恐慌で保険会社のような会社が破綻したのか不思議な気がしますが、それはこの保険会社がＣＤＳを売りまくったからです。

他にも、タックスヘイブンへの規制ないし閉鎖や、銀行と証券の再分離、なども提起されています。しかし、どんな規制策を実施しても、それだけでは十分ではありません。たとえば、先に少し述べたように、そもそも銀行が多額なローンをしないように自己資本比率という規制がつくられたのに、銀行側は証券化という抜け道を探し出して、それを全力で追求しました。儲けるためにはどんなことでもするという資本主義の原理が存続しつづけるかぎり、いろいろな規制をかけても、抜け道を必ず見つけるわけです。だからといって、規制が無駄だとは言いませんが、当面するさまざまな規制を追求しつつも、資本主義の原理そのものを問題にしないといけないわけです。それから、莫大な過剰資金があふれている状況も、どうにかしないといけない。つまり新自由主義を何とかしないといけないということになります。

しかも、今日のようなハイパーグローバリゼーションの時代、一握りの巨大多国籍資本が個別の国家権力以上の力を持っている現代世界においては、第三インターナショナルの時代以上に一国レベルでの変革だけでは資本主義を変えることはできないでしょう。運動の世界的連携が必要不可欠になります。

今日はあの悲惨な結果だった総選挙（一二月一六日）の三日後です。あの総選挙の直後に反資本主義運動なんてと思うかもしれません。それは一理あります。しかし、逆に言えば、あの総選挙結果は小手先の改革では小手先も変えることができないということを示しているのではないでしょうか。さまざまな喫緊の闘争に従事しつつも、もう少し構えを大きくして、長期の展望についても考えていかなければならない時期に来ているように思われます。

以上で私の報告を終わります。ありがとうございました。

（二〇一二年一二月）

【補論】ハーヴェイの恐慌論とマルクスの恐慌論

補論として、ハーヴェイとマルクスの恐慌論について簡単に補足しておく。これはもともと、本文の元になった論考をあるメーリングリストに流した際に、友人から受けた質問に答えたものである。それを今回もう少し膨らませた。

ハーヴェイの恐慌論

従来の恐慌論における「過少消費説」や「利潤圧縮説」「部門間不比例説」等々といった諸説の最大の問題は二つあって、一つは、「暗闇で象をなでる」事態になっていることだ。何らかの恐慌が実際に起きる過程の中では、利潤の圧縮も、労賃の一時的上昇も、有効需要の不足も、部門間の不均衡も、そのすべてが（あるいはそのほとんどが）生じる。そのいずれかを恐慌の根本原因に仕立て上げようとするところに、旧来の恐慌論の無理がある。

もう一つの問題は、『資本論』レベルの議論で恐慌の必然性が説明できると考えていることだ。『資本論』レベルで言えるのはせいぜい、恐慌の蓋然性だけであり、それが真に現実化するのは（あるいは別の形で発現するのは）、具体的な歴史的・地理的文脈の中においてだけであり、それを無視して恐慌発生の自動的メカニズムを確定しようとすることに第二の無理がある。

ハーヴェイ恐慌論の優れた点は、この二つのいずれの独断にも陥っていないことだ。まず一つ目に関しては、「資本の流れ」を全体としてみれば、そのいずれかの閉塞ポイントで重大な停滞や中断が起きれば恐慌が起こりうることを指摘することで、いずれかのポイントを根本原因とする議論を脱構築している。厳格な因果関係論の中に閉じ込められていた諸要因をまずは解きほぐし、それを「資本の流れ」という（非因果関係的な）動的統一性のうちに位置づけなおした。これが、『資本の〈謎〉』の「第二の部分」（第二〜四章）で説明していることである。

しかし、これは別に、伊藤誠氏が同書の解説で言うような「恐慌の多要因説」という何か特殊な恐慌論を採用しているということではない。『資本論』レベルでは、その程度しか言えないということだ。なお、『資本論』レベルでの恐慌の可能性論にあくまでも限定した上でハーヴェイの説にあえて命名するとすれば、「多要因説」というよりもむしろ、「共進化」という言い方を真似て、「共要因説」という方がより適切ではないかと思う。多くの要因は資本の流れの中で共振し連動しあい、こうして恐慌の生きた可能性が形成されるというのが、おそらくハーヴェイの考えであろう。

さらにハーヴェイは、「資本の流れ」の中に存在するさまざまな「恐慌の可能性」ないし「恐慌の蓋然性」がどのようにして資本の具体的な歴史的・地理的運動の中で現実化するのかという風に問題を設定しなおして、私のいう「第三の部分」（五〜七章）に話を進めている。

ここでは、ハーヴェイは、「第二の部分」で解きほぐし「資本の流れ」のうちに位置づけなおした諸要因を、今度は、資本の「共進化」過程と、「資本のアーバナイゼーション」過程という、具体的な歴史的・地理的文脈の中で再統合しようとする。とくにハーヴェイが重視するのは「資本のアーバナイゼーション」であり、これこそが、資本蓄積運動の現実の諸条件を「建造環境」として生み出しながら、同時に、巨大な過剰資本と過剰労働力を吸収し、大規模な国家の介入と信用手段の発達をもたらし、こうして「資本の流れ」の中の種々の閉塞ポイントにおける緊張と潜在的矛盾を最高度に高めて、やがてそれらが限界に至って、恐慌を実際に生み出すのだという議論をしている。その典型例として、第二帝政時代のパリ、戦後アメリカの郊外化戦略、現代中国の巨大な都市化とインフラ投資などが具体的に考察されている。

しかし、そうした閉塞点における高まる緊張が爆発的に破綻に至る主要な要因（あくまでも主要な要因であって、何らかの究極的原因ではない）は、歴史的時期においてさまざまでありえる。金本位制でレッセフェールであった古典的資本主義の時代の十年周期の諸恐慌、一九二九年の世界恐慌、一九七三年の世界同時不況、二〇〇八年の世界金融恐慌、等々はいずれも、その主要な要因にそれぞれ違いがあるというのがハーヴェイの考えだと思われる。ちなみに、通貨が不換紙幣でほぼ無制限の貨幣供給が可能な現代資本主義においては、十年周期の古典的恐慌は姿を消して、それを永続的インフレーションとして先送りすることによって、ハーヴェイの言う危機の「たらい回し」が起こった。

いずれにせよ、ハーヴェイの議論は、「〜説」とくくれるほど単純なものではないだろう。あえて言えば、「恐慌の諸可能性の共要因説」＋「資本の具体的な歴史的・地理的運動、とりわけ資本のアーバナイゼーションによる恐慌の現実化説」という長ったらしいものになるだろう。

マルクスの恐慌論

マルクスも最終的には恐慌は「世界市場」(すなわち資本の具体的な歴史的・地理的存在形態)で説くつもりだったから、これは事実上、ハーヴェイと同じ立場だったと思われる。ただし、マルクスの叙述には、恐慌の究極的原因が存在するとする言説(「絶えず拡大しようとする生産と制限された労働者の消費との矛盾」と「利潤率の傾向的低下」という二つ)も見られるので、この点では、ハーヴェイと意見が分かれるだろう。

マルクスは自己の恐慌論についてどこでも体系的に述べていないし、またその見解が不変であったと断言する根拠もない。さらに言えば、マルクスの頭の中に何か完成された恐慌論がすでにあって、それを断片的に書き残していたと推定する根拠もない。おそらくそのような完成された恐慌論などなかっただろう。マルクスは基本的に大雑把な構想を立てた後は実際に書きながら考え、細部のみならず本質的な論点も具体化していくタイプの理論家であった。だから、マルクスは実際に「世界市場」の部で恐慌について具体的に書き始めるまでは、恐慌の発生メカニズムについてはかなり漠然とした暫定的な構想しか持ち合わせていなかったのではないか。したがって「マルクスの恐慌論」として述べることができるのは、せいぜいその種の大雑把でしかも暫定的な試論でしかない。

私見によれば、マルクスの恐慌論も非常に重層的なものであった。最も具体的な世界市場レベルの話を捨象したとしても、少なくとも四つの層を区別することができる。まず最も表層においては、商品と貨幣の、売りと買いの分離と両者の自立化による恐慌の抽象的可能性論が存在する。

逆に資本の運動の最も深部においては、「絶えず無制限に拡大しようとする資本主義的生産と労働者の構造的に制限された消費との矛盾」（短く言えば「生産と消費の矛盾」）と「利潤率の傾向的低下」の二つが恐慌の構造的要因として存在する。そしてこの二つの構造的要因に、恐慌現実化の具体的諸契機（信用の膨張と収縮、商業資本の自立的運動、市場をめぐる資本間の無政府的競争とそれによる部門間不均衡など）が加わり、さらに景気循環上の局面的諸契機（賃金の一時的上昇、利子率や原材料費の一時的上昇、利潤率の一時的圧縮、諸資本の思惑的投資の頻発、など）が相互に重なって、実際に恐慌が起こるというものだった。このように、マルクスにあっては、表層における抽象的可能性、最深部における二つの構造的要因、恐慌現実化の具体的諸契機、景気循環上の局面的諸契機という、少なくとも四つの層の複合的重なりとして恐慌の発生が立体的に捉えられていた。このような重層的恐慌論は一つの理論的モデルとしてはそれなりに意味があると思われる。

従来の「正統派」のマルクス主義恐慌論においては、先に挙げた二つの構造的要因（「生産と消費の矛盾」と「利潤率の傾向的低下」）のうちのどちらかを根本要因とみなす立場が主流である。そしてハーヴェイも指摘しているように、どちらをより根本的とみなすかという問題をめぐって二つの陣営を形成して、相互に果てしのない論争を繰り広げている。だが、マルクス自身この二つをともに恐慌の構造的要因として捉えていたと考える方が自然であるし、そのように考えれば、どちらがより重要かという本質的に解決しようのない不毛な論争を回避することもできる。

他方、この二つの構造的要因ではなく、三層目ないし四層目の諸契機だけでマルクスの恐慌論を構築しようとする人々もいる。たとえば、宇野理論は典型的に四層目の「景気循環上の局面的諸契機」で恐慌の発生を解こうとするものであった。

それに対して不破哲三氏は最近、三層目の「恐慌現実化の具体的諸契機」を「恐慌の運動」論として恐慌のメカニズムの核心そのものであるかのように扱い、マルクスがこの核心を一八六五年になって初めて（第二部第一草稿において）発見し、それがマルクスの理論的発展全体の画期となって、従来の、利潤率の傾向的低下にもとづく恐慌論（典型的には第三部主要草稿の前半部で唱えられているもの）を完全に捨て去ったという「新説」を唱えている（不破哲三『「資本論」はどのようにして形成されたか』新日本出版社、二〇一二年。同『マルクス「資本論」――発掘・追跡・探求』新日本出版社、二〇一五年）。だが、そもそも信用や商業資本の自立化といった諸契機は当時のブルジョア経済学者にもそれなりに認識されていたのであり、それが恐慌の原因であるとみなす考えこそがマルクスにとって克服されるべき俗流的な発想の典型だったのである（不破氏がしきりに取り上げている第二部第一草稿での記述も、よく読めばそういう趣旨の議論になっている）。だからこそマルクスは、「生産と消費の矛盾」や「利潤率の傾向的低下」のような、資本のシステムそのものにより深く内在した根拠を探ろうとしたのである。

しかしいずれにせよ、マルクスは自己の恐慌論を何ら完成させることなく、またその基本的な構想さえ明示することなくこの世を去った。このまったく未完成なものを、その時々に書かれた断片的記述をつなぎ合わせて、あたかも完成された「マルクス恐慌論」なるものがあると考えるのは、どの説に立つ場合でさえ早計であろう。

（二〇一三年五月&二〇一五年一〇月）

第4章 マルクスの可能性に新しい光を当てたガイドブック

——ベンサイド『マルクス[取扱説明書]』によせて

本稿は、『トロツキー研究』第六三号（二〇一三年一二月）に掲載された書評論文に修正と加筆を行なったものである。この『マルクス「取扱説明書」』に多くの魅力的な挿絵を提供したフランスの風刺漫画家シャルブは当時、フランスの有名な風刺雑誌『シャルリー・エブド』の編集長であり、二〇一五年一月に極右ジハーディストによって他の多くの仲間たちとともに虐殺された。改めてその死を悼むとともに、極右ジハーディストの蛮行を断固糾弾するものである。

なお、本稿の発表後に、ベンサイドの理論的主著の一つである『時ならぬマルクス』が翻訳出版されたので（未来社、二〇一五年）、「標準労働日」という一論点に関して、末尾に同書の論述に関する「補論」を加えておいた。

思想家ないし経済理論家としての、あるいは革命家としてのマルクスの偉大さについては、ここでるる説明する必要はないだろう。支配階級の御用イデオローグたちが繰り返し「マルクスは死んだ」と宣言するたびごとに、マルクスの脈がまだ健在であることが確認されるのである。しかし、マルクスは、旧ソ連やその他のスターリニスト国家で建造されていた巨大な銅像のような存在ではない。つまり、その首に縄をくくりつけて引きずり倒せるような物体ではない（つい最近もウクライナでレーニン像が引き倒されている）。それは言ってみれば山脈のような存在である。その中にはとりわけ高い山岳（『資本論』というモンブラン）を含みつつも、盟友エンゲルスやその他マルクスが学んだり影響を与えた多くの山々と連なって存在する山脈である。

したがって、この複雑で巨大な山脈を一冊で十分に紹介することなどできないし、そもそも一個人がそれを十分に理解しつくすことも不可能である。われわれは、自らが設定した一つないし複数のルートにもとづいてこの山脈を散策し踏破することができるだけである。そこから見える風景や山の様子や経路は、この山脈の一端を示すものではあるが、その全貌を余すところなく伝えるものではけっしてない。とはいえ、われわれは、すぐれたガイドブックを持って山脈に挑むならば、自分の力だけでは見えないさまざまな風景を見出すことができたり、あるいは気づかない細部に気づくこともできるのである。

過去、そのような優れたマルクス論としては、エルネスト・マンデルの『カール・マルクス』(邦訳は河出書房新社、一九七一年)、ミシェル・レヴィの『若きマルクスの革命理論』(邦訳は福村出版、一九七四年)などがある。ダニエル・ベンサイドの『マルクス［取扱説明書］』(柘植書房新社、二〇一三年)は、それらと並んで、そして二一世紀初頭の現実を踏まえて、マルクスという山脈を探索するための非常に優れたガイドブックとなっている。

しかし、すでに見たように、マルクスは他の山々と連なる山脈的存在であるから、どのようなルートを選んで山脈を散策し踏破するかが問題である。本書においてベンサイドは、初心者向けに、マルクスの生誕からその晩年までその思想的・政治的発展の伝記的概略を堅実に追いつつも、いくつかの独自のルートを通じて、マルクスの全体像を再構成しようとする。まず第一に、何よりも現代という時代が突きつけている諸問題(貧困と搾取、格差と周辺化、金融恐慌、エコロジー危機、知識人の体制内化、グローバリゼーション、新自由主義、等々)を解明するために、マルクスの中のさまざまな可能性に（その歴史的限界とともに）光を当てようとする。第二に、マルクスの理論を何よりもその決定論の固い拘束衣から解放して、階級闘争や種々の社会的諸闘争に開かれた傾向を見出そうとする。第三に、この二つのルートの一合流点として、今日における革命的課題にとって決定的に重要な意味を持つ「党」の問題に焦点を当てている。以上、三つのルートに沿って紹介していこう。

1、第一のルート——マルクスと現代資本主義

第一のルートに関しては、たとえば、『ライン新聞』の主幹として青年マルクスが最初にぶつかった経済問題である木材盗伐問題について論じる中で、ベンサイドは、マルクスの伝記における単なる一エピソードとして扱われていたこの問題が実は、当時における本源的蓄積の問題と結びついていただけでなく、今日にも脈々と続いているすぐれて現代的な問題でもあることを鋭く指摘している。

貧しい人々の最低限の基本的必要に対応するために貧民が共有財（木材や落穂の拾い集め、無料の牧草地）を利用することを認める慣習法が存在していたが、一八二〇年代から一八四〇年代の時期、ドイツだけでなく、王政復古のもとでのフランスや、一八三四年の有名な救貧法改正がなされたイギリスでも、一連の法的措置がとられ、こうした慣習法が攻撃にさらされるよ

うになった。こうしたことが必要になったのは、村落や教区単位の連帯を打ち砕き、伝統的な共有財（たとえば木材）を商品に変え、その結果、農民が都市へと追いやられて自らを売り、生まれつつある産業の中で搾り取られざるをえないようにするためであった。それは今日、賃金と雇用のより後退した諸条件を労働者に受け入れさせるために、新自由主義的対抗改革が、職場の権利や社会保障のシステムを一貫して解体し続けているのと同じである。実際、これらの措置は、公共財産と私有財産との境界線を定義しなおすことを狙いとしていた。（『マルクス［取扱説明書］』、四五〜四六頁。以下、頁数のみ示す）

すなわち、若きマルクスが最初に直面した木材盗伐問題は、共有財をめぐる、あるいは現代風に言いかえれば「コモンズ」をめぐる階級的コンフリクトという実に今日的な問題でもあったのだ。またベンサイドは、『共産党宣言』で描かれた資本の「モンタージュ」（五六頁）が今日の資本主義の姿を非常に的確に捉えていることを説得的に明らかにしている。

マルクスこそ、その誕生期の状態から資本主義のグローバリゼーションの論理を捉えることのできた人物である。……資本は、自らを侵食するその内的矛盾を克服するために、絶えずその蓄積空間を拡大し、その回転を加速させざるをえない。それはいっさいを商品化する傾向を持っているので、空間をなめ尽くし、時間を圧縮する。

新自由主義的対抗改革と二〇世紀最後の四半世紀の金融緩和によって爆発的なものとなっ

た今日のグローバリゼーションは、イギリスのヴィクトリア朝期の統治やフランス第二帝政期のグローバリゼーションと多くの点で類似している。今日の電気通信、超音速飛行、人工衛星の技術革命に相当するのは、そのあらゆる違いを考慮に入れた上で、当時の鉄道、電信、蒸気機関革命であった。現代の遺伝子研究に対応する当時の技術革新は有機化学であった。……エンロンのスキャンダルからサブプライムローン恐慌、株式市場の急落は、当時のパナマ運河スキャンダル、エミール・ゾラが『金《かね》』の中で暴いたクレディ・イモビリエやユニオン・ジェネラルの破産に他ならない。(五九頁)

ここで描かれているダイナミックな一九世紀資本主義像は明らかにデヴィッド・ハーヴェイの影響を受けたものだろうが、当時のマルクスは、まだ成長し始めたばかりの資本のシステムをその透徹した分析力で解剖することを通じて、今日における「成人して地球全体に猛威を振るうソーシャルキラー」(五六頁)となった現代資本主義の生きた姿をもくっきりと浮きぼりにしたのである。

同じ観点は、エコロジー問題にも貫かれている。マルクスが、「緑の天使」ではなかったにせよ、悪魔的な生産力主義者でもなかったことが説得的に論じられている。当時の、生産力絶対主義の社会的雰囲気の中で、マルクスが、とくに農業問題に関連して資本主義が正常な物質代謝を破壊するものであることを指摘していること(『資本論』の第一巻や第三巻、リービヒへの関心など)、エンゲルスが『自然の弁証法』などで有名な「自然の復讐」について論じていることは、今日からみても非常に先駆的であったと言わざるをえない。その後、第二インターナショナルにおいて、そして第三インターナショナルにおいてさえ、このような視点はほとんど忘れられてしまうのであるから、なおさらこの点を強調しておくことは重要である。

本書が二〇〇八年の世界金融恐慌の翌年に出版されたこともあって、現代資本主義との関係で最も力を入れて論じられているのは、現代の金融資本主義化と金融恐慌の問題である。ベンサイドは、二〇〇八年の世界金融恐慌は単に、英米型資本主義の暴走の結果などではなく、第九章のタイトルにも示されているように、「ムッシュー資本」が恐慌という心臓発作の持病を抱えているからである。「金融資本主義は、資本主義の道を誤った形態なのではなく、その本質そのものなのだ」(一五五頁)。そして、金融資本主義がもたらす金融恐慌という暴力は、現代資本主義のあらゆる問題と結びついている。

この暴力は、何よりもまず、手形の支払いのために街頭に放り出される家族、大量解雇、企業の閉鎖と国外移転、炊き出しの前の長蛇の列、凍死する野宿者、医者にかかるのを我慢して少しでも貯蓄する、といった現象として現われる社会的暴力である。これはまた次のことと結びついている。社会的抵抗を犯罪に仕立て上げること、社会国家の縮減に反比例して増大する刑罰国家の力、テロ対策の口実のもとで密かに進む例外状態の確立、……領土と勢力圏の新たな分割のための戦争、である。(一五五頁)

恐慌と戦争とは、表向きは文明の顔をした資本主義（実際には工場や職場という「隠された」世界ではすでに十分に野蛮なのだが）がその「野蛮」な素顔を赤裸々に露わにする瞬間に他ならない。

2、第二のルート——非決定論的マルクスの発見

次にマルクスという山脈を探索する第二のルートについて見てみよう。それは非決定論者としてのマルクスの可能性を探るルートである。マルクスの理論の中に決定論的傾向（「自然史的過程」としての資本主義的生産様式の発展、その必然的帰結としての資本主義の崩壊と社会主義の勝利）が存在することは否定しがたい。だがそれがマルクスの弱みではなく、むしろ強みであったことは、このことの確信にもとづいて多くの人々が献身的なマルクス主義者となり、また想像を絶する諸困難の中で活動を継続することを可能としたことからして明らかである。

だが、社会主義勢力が着実かつ順調に成長しつつあった一九世紀末や二〇世紀初頭と違い、第一次世界大戦における社会民主主義の裏切り、一九二〇年代以降のスターリニズムの支配とファシズムの勝利、そして、とくに新自由主義が席巻しはじめた一九八〇年代以降、このような決定論的傾向はしだいにその弱点を露呈しはじめた。マルクスのうちに、決定論的傾向だけではなく、非決定論的傾向をも見出すことは、今日において非常に重要な意味を帯びている。

「要綱」の八つのテーゼ

ベンサイドはこれまでもマルクスをそうした方向で解釈することにかなりの努力を費やしてきた。本書でもそれは一貫している。とくにベンサイドは、「経済学批判要綱」の「序説」の最後に走り書きされた八つの短い「注意書き」(『マルクス資本論草稿集』第一巻、大月書店、一九八一年、六二〜六四頁)に読者の注意を向けている。この八つのテーゼは、かの有名な「フォイエルバッハ・テーゼ」と比べてほとんど注目されてこなかったのだが、ベンサイドはこの八つのテーゼを、「神学的ないし目的論的な大きな物語から解放された」「新たな歴史記述」の可能性を秘めた貴重なメモだとしている。ベンサイドはそれを次のように要約している。

第一の指摘においてマルクスは、経済が政治を機械的に決定するという考えから離れ、社会関係の実験室や坩堝としての戦争の重要性を強調している。第二に、「従来の観念的な歴史記述」を「現実の歴史」によって検証し、「宗教と国家の歴史」を脱神話化していることである。三点目に、歴史生成の複雑さを理解するために、「二次的、三次的現象」や「派生的で、移植された、本源的ではない生産関係」、「国際的諸関係」の重要性を強調している。六番目の指摘では、「進歩の概念はこれまで通りの抽象的な形で理解されるべきではなく」、生産関係、法的関係、芸術的事象とのあいだにおける「不均等発展」を考察するよう勧めている。別の言い方をすると、不慮の出来事や同時代のものではないものの影響を考慮するべきだということだ。七番目は、歴史は「不可避的な展開として現われる」ことを強調するが、すぐにこれに対する機械論的な解釈を見越して次のように続ける。「しかし偶然の権利を認めること。どのように(とりわけ自由の権利を認めること)。交通手段の影響。世界史はいつも実在したわけではない。世界史とは一つの結果である」。(七八〜七九頁)

ここで紹介されている諸テーゼはまさに、ベンサイドは指摘していないが、後にトロツキーによって「不均等複合発展の法則」として一般化される見方の原型をなすものに他ならない。ベンサイドは、このマルクスの認識から、グラムシとベンヤミンの考察を経て、次のように結論づけている。

現在とは、時間の機械的な連鎖における一つの歯車ではない。それはリズムが良かったり途切れたりする政治の時間、典型的に決断と行動の時間なのだ。過去の意味と未来の意味がそこで永遠に戯れる。政治とはまさに、現在と予想外の成り行きの、情勢とタイミングの技術なのだ。

純然たる神の意思……とは異なり、革命には根拠がある。ただし革命は思いもよらないときに、思いもよらない場所で起こる。けっして約束通りにはやって来ず、いつも場違いであり、あっと言わせる。革命の主人公たちの不意を打ち、ミスキャストの危険を犯す。マルクスは法則の思想家ではなく、闘争の思想家であり、ゆえに歴史哲学者ではない。彼は政治的行為の戦略的思想家なのだ。(八〇頁)

「現在」とは、「線」として考えられている「過去」と「未来」に挟まれた単なる「点」なのではなく、過去からの「線」と未来に続く「線」とが複雑に絡み合い独特な形で束ねられている動的過程なのである。そこでの個々人の、あるいは諸階級の主体的でしばしば偶然的な行動が過去の意味と未来の方向性に影響を与える。

フランス三部作と永続革命

歴史に何らかの「法則性」や「必然性」があるとしても、その法則性や必然性はけっして機械的なものでも自動的なものでもなく、一定の幅と伸縮性を持った傾向にすぎない。しかも、この「傾向」はしばしば複数存在するのである。ベンサイドは、マルクスのフランス三部作（『フランスにおける階級闘争』『ルイ・ボナパルトのブリュメール一八日』『フランスにおける内乱』）における叙述のうちに、非決定論的な歴史記述の具体的な見本を見出している。

ヨーロッパの地政学に関するエンゲルスの論文と同じく、フランスの階級闘争を論じたマルクスの三部作は、政治、代議制、国家、民主主義についての独創的な概念を明らかにする。マルクスはそこで政治を含む諸情勢を、経済的メカニズムの単なる反響としてではなく、複合的な因果関係の凝縮として論じている。フロイト的な無意識の表出のように、移動と凝縮、無意識的欲望を示す言い間違いと夢との終わりのない戯れを通じて、社会的な力関係と個人の歴史的役割が明らかになる。政治的行為はけっして歴史の論理の平板な説明や、あらかじめ書かれた運命の遂行には還元されない。出来事は不確かなものだ。ささいな原因が大きな影響を及ぼす。……政治闘争は独自のリズムを刻む。政治の鼓動と脈拍は経済の鼓動と脈拍には同調しない。政治、社会、法律のあいだには隙間があり、象徴や想像力も作用する。(八三〜八四頁)

そしてベンサイドは、まさにこのフランス三部作の最初のものである『フランスにおける階級闘争』において革命の永続性が高らかに宣言されていることに注目する。経済と政治との自動的で調和的な発展という機械的な反映論に代わって、両者の構造的なズレ(あるいは隙間)や対立そのものが、政治の舞台を動かす強力なダイナミズムを生み出す。その典型的な現われが他ならぬ永続革命というダイナミズムであるとベンサイドは考える。

プロレタリアートはますます革命的社会主義の周囲に、すなわちブルジョアジー自らがそれに対してブランキなる名称を考え出した共産主義の周囲に結集しつつある。この社会主義は革命の永続性の宣言である。(マルクス「フランスにおける階級闘争」、邦訳『マルクス・エンゲルス全集』第七巻、大月書店、八六頁)

同じような観点は、マルクスとエンゲルスによって出された有名な「一八五〇年三月の中央委員会の回状」にも示されている(邦訳『マルクス・エンゲルス全集』第七巻、二四九〜二五九頁)。マルクスのこの革命論がトロツキーの永続革命論へとまっすぐつながっていることはまったく明らかであろう。ちなみに、あまり指摘されることはないが、この時期、このような永続革命的観点を展開していたのは一人マルクスだけではなく、エンゲルスもそうであった。たとえば、エンゲルスは一八五〇年初頭に発表された「ドイツ国憲法戦役」において次のように述べている。

ドイツ国憲法戦役は、それ自身の中途半端さや内部的な惨めさのために挫折した。一八四八年六月の敗北以降、ヨーロッパ大陸の文明諸国にとっての問題は、革命的プロレタリアートの支配か、二月革命以前に支配していた諸階級の支配か、である。中間の道はもはや不可能である。とくにドイツでは、ブルジョアジーは、支配する能力をもたないことを明らかにした。彼らはその支配権を再び貴族と官僚とに譲り渡すことによってのみ、人民に対抗して自らの支配を維持することができた。……この階級が敗北に終わった後では、いくぶん立憲化した封建的＝官僚的君主制が勝利するか、それとも真の革命が勝利するか、そのどちらかでしかありえない。しかも、ドイツでは、革命は、プロレタリアートの完全な支配が打ち立てられるまではもはや終結することはできない。（エンゲルス「ドイツ国憲法戦役」、邦訳『マルクス・エンゲルス全集』第七巻、二〇二頁）

これがまったく明快な永続革命的展望であるのは明らかだろう。これは、自ら一八四八年の革命を経験したマルクスとエンゲルスの共通の、そしておそらくは共同の結論である。そしてベンサイドは、この「時間において永続する社会革命」が「空間においても連続」していることを指摘する（八六頁）。実際、マルクスは一八四八年の時点からすでに、来るべきヨーロッパ革命が一国の内部で収まるものではなく、ヨーロッパ規模の内乱と結びついていることを繰り返している。たとえば、ベンサイドは引用していないが、『賃労働と資本』にはすでに次のような一節が見られる。

どの革命的蜂起も、たとえその目的がいかに階級闘争から遠いように見えても、革命的労働者階級が勝利するまでは失敗せざるをえないのであり、プロレタリア革命と封建的反革命とが世界戦争の中で武器をもって勝敗を決するまでは、いかなる社会改良もユートピアにとどまる。（マルクス『賃労働と資本／賃金・価格・利潤』光文社古典新訳文庫、二〇一四年、一一三頁）

一般にこの時期のマルクスの革命論は「恐慌＝革命論」とみなされ、恐慌が革命を直接的に生み出す理論だとされている。たしかに、そのようなことをマルクス自身も言っているのだが、しかし恐慌は一つのきっかけにすぎず、むしろ「戦争＝革命論」こそがこの時期の（そしてそれ以降においても）マルクスの革命論の基調になっているのである。この視点は、『フランスにおける階級闘争』ではもっとはっきりしている。

労働者は、ブルジョアジーと並んで自分を解放できると思っていたように、他のブルジョア諸国民と並んでフランス国家の壁の内部でプロレタリア革命を完遂できると考えていた。だが、フランスの生産関係は、フランスの対外貿易によって、世界市場におけるフランスの地位と世界市場の法則によって制約されている。この生産関係をフランスは、世界市場の専制君主であるイギリスに跳ね返って打撃を与える全ヨーロッパ的な革命戦争をしないでどうして打ち破れるだろうか？（マルクス「フランスにおける階級闘争」、邦訳『マルクス・エンゲルス全集』第七巻、一七頁）

労働者の任務は誰が解決するのか？……それはどこでも一国家の壁の内部では解決されない。フランス社会内部の階級戦争は諸国民が相対峙する世界戦争へと転化する。その解決は、世界戦争によって……はじめて始まる。革命はこの国で終結するのではなく組織的に始まるのだが、それは息の短い革命ではない。……それは一つの新世界を征服しなければならないが、新世界に対処しうる人々に席を譲るために、滅んでゆかなければならないのだ。（同前、七六〜七七頁）

何と予言性に満ちた章句だろうか。「恐慌＝革命論」は必ずしも妥当しなかったが（そしてマルクス自身も、一八五九年の恐慌が革命を何ら誘発しなかったことを受けて、それ以降はこの説に固執しなかった）、「戦争＝革命論」は不幸にも大いに妥当したのである。ベンサイドは、まさに歴史がこのように進んだことを、軽薄な高揚感をもってではなく、むしろ厳粛な痛苦をもって振り返っている。

普仏戦争からパリ・コミューンの革命が起きたように、第一次世界大戦からロシア革命が生まれ、第二次世界大戦から中国革命、ギリシャ革命、ベトナム革命、ユーゴスラヴィア革命が起こることになる。それにしても、何という大きな犠牲であることか。廃墟と屍の恐るべき山が生きのびた人々の生命と頭脳にしだいに重くのしかかり、解放の夢を悪夢に変えてしまうほどだ。(八八~八九頁)

この戦争と革命との緊密さは、トロツキーがかつて述べたように、現時点における人類社会の野蛮さそのものの反映なのである。人類が、戦争であれ革命であれいかなる暴力も用いることなく自分たちの問題を有機的に解決する水準にまで進化するには、まだまだとてつもない時間と努力が積み重ねられなければならない。

さらにベンサイドは、本書の「11、マルクス博士は、何について、どのように考えたのか」において、マルクスの方法そのものを非決定論的なものとして記述している。マルクスは「分類に寄与する静的な定義の論理ではなく、動的な限定の論理」を採用しており(一八二頁)、ここから、厳密に論理的でありながら、けっして運命論ではなく、その結果が具体的な諸実践に対して開かれている方法論が生じるとしている。

階級闘争の中心化とその結果の不確実性は、偶発的な部分と機械的ではない開かれた因果関係という概念をもたらす。その条件は可能性の範囲を明確にするが、どちらが勝利するかを予測することはできない。（一八四～一八五頁）

マルクスがその概念を提示した資本とは、内的矛盾がさまざまな可能性を展開する動的システムである。階級闘争は、どの可能性が有効になり、どの可能性が途中で打ち捨てられるのかを決定する。したがって、構造と歴史、偶然と必然、行為と過程、改良と革命、能動と受動、主体と客体とを丸ごと捉えることのできる思考こそが、根本的には戦略的思考であり、「革命の代数学」なのだ。（一八五頁）

革命の好機は近づいたと思ったら遠ざかり、やってきたと思ったら通りすぎる。それは、時間とともに熟して自然に落ちてくる果実などではない。それどころか、法則性そのものが革命諸主体の諸実践によって貫かれ、多元的に構成されている。だとすれば、革命主体による政治的実践の問題は決定的なものとなる。こうして、本書の白眉である「マルクスとエンゲルスにおける党の問題」が三つ目の踏破ルートとなる。

3、第三のルート――党の問題

ベンサイドはその晩年において、いやある意味でその政治的生涯を通じて、党とヘゲモニーの問題、戦略と戦術の問題に取り組んできた。客観的な法則決定主義でもなければ、主意主義的な主体論でもない実践的態度として、ベンサイドは「戦略」ないし「戦略的」という概念を執拗に取り上げ、それを具体的に彫塑することに多大なエネルギーを費やしてきた。すでに引用した文章においても、ベンサイドは、マルクスを「戦略的思想家」と規定し、「戦略的思考」について論じている。

このような「戦略的アプローチ」において決定的な意味を持っているのは、「党」の問題である。なぜなら、資本は周期的にその危機を露呈させるが、プロレタリアートはばらばらの個人としては、資本の集合的権力に太刀打ちすることはできないからであり、ましてやそれが国家権力として物質的かつ軍事的に凝集している場合には、なおさらだからである。それゆえ、資本の支配は自覚的に転覆されないかぎり、結局、危機に陥った資本はいずれその均衡をプロレタリアートの犠牲のもとに回復させる。ちょうど第一次世界大戦後にヨーロッパ資本主義が革命的危機から立ち直ったように、また二〇〇八年の世界金融恐慌から世界資本主義が立ち直ったように。プロレタリアートはただ、自分たちを何らかの恒常的な組織のもとに団結させて一個の社会的勢力となり、政治と経済の無限の転変を通じて、しだいに資本の支配の転覆を準備していかなければ自己を解放することができない。その組織化の最初の一歩は労働組合であるが、しかし、その経済的機関としての性質上、労働組合はその課題を、経済的諸問題か、あるいは資本主義の枠内での政治的問題に自己限定せざるをえない。プロレタリアートは自己自身の解放のためには、自分自身を政治的にも組織しなければならない。それが、「党」である。

マルクスにおける二つの党概念

ベンサイドは、マルクスにおける「党」概念には歴史的変遷があり、それは基本的に二つの意味で使用されていたと指摘している。まず第一に、『共産党宣言』が書かれた時点での「党」である。この宣言は、一八四八年革命の前夜に共産主義者同盟の綱領として大急ぎで書かれたものだが、この『共産党宣言』で言うところの「党」とは、その後、議会政治において確立することになる近代政党とは異なるものであった。

マルクスとエンゲルスにとっての党とは、ブオナロッティ〔イタリアの革命家〕のカルボナリ党やブランキの季節社のような秘密結社と、一九一四年以前の偉大なドイツ社会民主党がモデルとなる近代政党とのあいだの過渡的形態のように見える。（一〇三頁）

この共産主義者同盟は、一八四八年革命の敗北と反動期の到来によって、マルクスの提案にもとづいて一八五二年一一月に自ら解散することになる。その後、マルクスは公式にはいかなる党にも参加しなかった。一八六四年に第一インターナショナル（国際労働者協会）を組織したときも、マルクスは特定の党には属していなかったし、第一インターナショナルそのものが政党の集合体ではなく、労働組合や協同組合やその他さまざまな労働者団体の集合体であった。しかし、マルクスは、他方で、まったく別の意味でも「党」概念を用いている。それが、一八六〇年に友人のフライリヒラートに宛てた手紙の中で語られている「広義の歴史的な意味での『党』」（邦訳『マルクス・エンゲルス全集』第三〇巻、大月書店、三九八頁）であり、マルクスはこの概念を、共産主義者同盟のような「一時的な意味での党」（同前、三九二頁）と対比している。マルクスは後者について「『同盟』は、パリの季節社や他の数百の団体と同じく、近代社会の大地からいたるところでおのずから生じる党の歴史上の一エピソード」だとしている（同前、三九二～三九三頁）。ベンサイドは以上にもとづいて次のように述べる。

この言葉から、党という概念の二重の用法が導き出せる。「一時的な意味」での狭義の党は、ある状況や特定の任務に合わせた組織を指し示す。「広義の」党は、状況に合わせた組織の結集やエピソード的な出来事を越えて、労働者階級自身の歴史的な運動に一元化する。（一〇六頁）

言いかえれば、この時点でのマルクスにおける党とは、「狭い意味での党」と「広い意味での党」、すなわち「戦術的な意味での党」と「歴史的な意味での党」という二つの党概念に分裂していたのであって、両者を媒介する「戦略的な意味での党」概念は欠落していたのである。

マルクス、エンゲルスと労働者党

しかしその後、ベンサイドは触れていないが、一八七一年五月におけるパリ・コミューンの敗北を受けて、また政治への不参加を唱えるバクーニン主義者との闘争を通じて、マルクスとエンゲルスは独自の労働者党の決定的意義を認識するようになる。一八七一年九月にロンドンで開催された第一インターナショナル協議会において、マルクスとエンゲルスは、労働者階級の解放のためには労働者がブルジョア政党と区別された独自の党に組織される必要があると主張する決議を提出する。

労働者の解放をめざすいっさいの努力を力ずくで押しつぶし、暴力によって階級差別とそれに由来する有産階級の政治的支配とを維持しようとしている野放図な反動に直面しているとき、労働者階級が有産階級のこの集合的権力に対抗して階級として行動できるのは、有産階級によってつくられたすべての旧来の党から区別されそれに対立する政党に自分自身を組織する場合だけであること、労働者階級をこのように政党に組織することは、社会革命とその終局目標——階級の廃止——の勝利を確保するために不可欠であること……。（マルクス・エンゲルス「一八七一年九月一七日から二三日までロンドンで開催された国際労働者協会代表者協議会の諸決議」、邦訳『マルクス・エンゲルス全集』第一七巻、大月書店、三九五頁）

また同じロンドン協議会でエンゲルスは次のような演説をしている。

革命を欲する者は、その手段をも欲しなければならない。すなわち、革命を準備し、革命のために労働者を教育する政治活動をも欲しなければならない。それがないかぎり、労働者は闘いの翌日には、必ずファーヴル〔フランスのブルジョワ共和派〕やピア〔フランスの小ブルジョワ民主主義者〕のような手合いにたぶらかされてしまうだろう。だが、われわれがたずさわらなければならない政治は、労働者の政治である。労働者党は、何らかのブルジョア政党のしっぽとしてではなく、独自の目標と政策をもつ独立の政党として建設されなければならない。（エンゲルス「労働者階級の政治活動について」、同前、三九〇頁）

ここで言う「有産階級によってつくられたすべての旧来の党から区別されそれに対立する政党」、「何らかのブルジョア政党のしっぽ……ではなく独自の目標と政策をもつ独立の政党」としての「労働者党」というのは、本来は「戦術的な意味での党」でもなければ「歴史的な意味での党」でもなく、まさに両者を媒介する「戦略的な意味での党」でなければならない。そして実際、一八七二年に第一インターナショナルが活動を停止した後、ドイツで新たな革命政党が産声を上げる。一八七五年のゴータ協議会においてマルクス派であるアイゼナッハ派の党とラサール派の党とが合体して生まれた、ドイツ社会民主党がそれである。当初の綱領が非常にラサール主義的であったために、マルクスは有名な「ゴータ綱領批判」を書くのだが、それはさておき、このドイツ社会民主党は本来は「戦略的な意味での党」になるべき存在であった。だが、実際にはそうはならなかった。すでに同党はその成立直後から改良主義的傾向を見せており、マルクスとエンゲルスは何度も警告の手紙を送っている（ミシェル・レヴィ『マルクスの革命理論』福村出版、一九七三年、二五八頁以下）。

とはいえ、組織的には同党はその成立後、社会主義勢力の自動的発展という決定論的仮説を裏づけるかのように、党員数や新聞発行部数の上でも、労働組合の組織人員の上でも、選挙や議席数のうえでも着実に成長を遂げ、一九一三年には議会内で第一党にさえなった。ベーベルやカウツキーが展望したように、熟した実が落ちるように権力がドイツ社会民主党の手に落ちてくる瞬間が目の前に迫っているように見えた。しかし、実際には、この巨大な党は、第一次世界大戦という最初の決定的な試練に失格し、戦争前に自分たちが採択した数々の決議に反して、戦争を革命に転化するのではなく、政府の戦争努力を全力で支えた。

この（組織的ではないにせよ）政治的な崩壊の背景の一つにあったのは、党と階級とを混同した党概念とその実践であった。ドイツ社会民主党の指導者たちは、労働者階級の数的増大と党の政治的成長とを同一視し、労働者階級がしだいに人口の中で多数を占めるようになる必然性と同じ程度で、社会民主党が労働者階級の中で多数派となって、その圧倒的な力を背景に権力を平和的に獲得することができると信じていた。しかし、それは幻想であった。発達した資本主義の力は、組織された労働者階級の多数派を体制内に統合することを可能とし、社会民主党自身がそのような統合装置の一部と化したのである。これこそ、後にグラムシが「ヘゲモニー」（構造的ヘゲモニー）という概念で捉えることになる事態である。

レーニンと「戦略の党」

ベンサイドは、レーニンが彫塑した党概念こそが、党と階級とを混同するこれまでの党概念を刷新して、「戦略の党」という新しい概念を確立したと指摘する。

レーニンは著作『なにをなすべきか』の中で、「混乱の元となっている」「党と階級との混同」に反対して、党の概念そのものを刷新する。めったに指摘されないのだが、階級と党とのこの区別によって、党の多元性が論理的に可能となり、階級の利害に異なる解釈が与えられる。レーニンにとって政治は社会関係の単なる反映ではなく、固有の領域への転換であることもほとんど指摘されていない。レーニンによれば、革命的活動家は……社会のあらゆる矛盾を捉えることにも優れ、「社会のすべての階層に働きかける人民の護民官」である。それゆえまた、革命的な危機を「現代社会のすべての階級の相互関係」の全般的危機として理解する。こうして政党はもはやレーニンにとって階級闘争の満ち干によって現われたり消えたりする断続的な形態ではなく、恒常的な必要性になる。……マルクスとエンゲルスにとって党とは断続的なものであり、歴史的行軍の斥候兵やプロレタリアートの教育者のようなものであった。だが、レーニンにあっては、新しい党の概念、戦略の党という概念が生まれている。（一一三〜一一四頁）

すでに述べたように、実際にはマルクスとエンゲルスは、一八七〇年代には恒常的な組織としての労働者党の必要性を認識していた。だが、両者はその内実を十分具体化するには至っていなかった。この萌芽的な党概念を取り上げ、よりいっそう高い水準に引き上げたのがレーニンである。レーニンが構想した「新しい党」は、「最も暴力的な爆発の時期にも、沈静化した時期にも」同じように一貫して活動し続ける党である。なぜならレーニンが言うように「われわれは革命を一回限りの行為としては思い描けない」からである。ここで示されているのは、「沈静化した時期」

や反動期においても粘り強く陣地戦を遂行しうる党であり、そして革命的な爆発の時期には時宜を失せず機動戦へと転換することのできる党でもある。つまりそれは特定の時間的制約を越えた「恒常的な必要性」となっている。だがそれだけでなく、それは「社会のあらゆる矛盾を捉える」党であり、生産点における矛盾だけでなく、生活上の矛盾や困難、政治的民主主義の問題、外交や戦争の問題など、ありとあらゆる領域に介入し、オルタナティブを示し、あらゆる社会領域で組織される党でもある。つまりそれは空間的制約をも越えている。

このような「戦略的な意味での党」は、労働者階級の歴史的利益を一貫して擁護し、それを理論的に体現し、その啓蒙と煽動を一貫して遂行し続けるという意味で、「歴史的な意味での党」であるとともに、けっして階級の多数派に溶解することなく、その時々の情勢の変化、支配層の動揺、労働者階級の気分や動向にもとづいて、適切な特定の組織形態と特定の戦術を選択することのできる「戦術的な意味での党」でもある。こうして「戦略的な意味での党」は、この両概念を自己のうちに統一しつつ、両者を有機的に媒介するのである。ちなみに、このような統一と媒介を綱領レベルで行なったのがトロツキーの過渡的綱領論である。過渡的綱領は、歴史的な意味での階級的諸要求＝最大限綱領と、戦術的な意味での階級的諸要求＝最小限綱領とを統一しつつ、両者を有機的に媒介する。こうして、この「戦略の党」は支配権力の構造的ヘゲモニーをしだいに掘りくずし、対抗ヘゲモニーを構築していく結節点となる。

4、『資本論』理解の不正確さ

以上見たように、『マルクス［取扱説明書］』は全体として非常に水準の高いガイドブックになっているのだが、『資本論』そのものの解説にはいくつか苦言を呈しないわけにはいかない。たとえば、ベンサイドは『資本論』の第二部について次のように説明している。

流通過程に関する第二部（貨幣の形態での最初の投資から商品の生産と消費を経て利潤の実現に至るまで資本がたどる道）は、賃金関係を通じた新たな規定、すなわち労働力の売買という概念を導入する。（四八頁）

この部分はきわめて理解しがたい。「労働力の売買」という概念が『資本論』の第一部（生産過程論）で導入されているのは誰もが知っている事実である。それなしには搾取の解明はそもそも不可能なのだから、それが第二部で導入されたなどという解釈はありえない。実際、ベンサイド自身が、本書の「8、誰が剰余価値を盗んだのか」の部分で、まさに労働力の売買と搾取を通じて剰余価値が発生する過程について論じているのである（一二〇〜一二二頁）。翻訳の問題なのか、本当にそう書いてあるのか？

さらに、ベンサイドが、第二部で「（直接的）生産労働と不生産的あるいは間接的生産労働の概念を導入した」(四八頁)と述べているのも理解しがたい。生産的労働と不生産的労働もまた『資本論』の第一部で導入済みである。

またベンサイドは、剰余価値の二つの形態を説明する中で、「マルクスは、絶対的剰余価値の増大を労働時間の延長によって語り、相対的剰余価値を労働強化によって語る」(一二二頁)と述べている。だが、『資本論』第一部を一度でも読んだことがある人なら誰でも知っているように、相対的剰余価値とは何よりも、生産力の上昇によって労働力価値を全般的に引き下げることによって発生する剰余価値である。たしかに、労働強化による剰余価値についてマルクスは、フランス語版『資本論』において「相対的剰余価値」の一つに数えているが、しかし、それが主要な形態でないのは明らかである。ちなみに、私は、『資本と剰余価値の理論』(作品社、二〇〇八年)において、労働強化による剰余価値が絶対的剰余価値の一形態であることを証明しておいた。

同じく、ベンサイドが、労働力の価値に関して説明する中で次のように述べているのも理解できない。

> 「標準労働日」の「正当な価格」という考えがいかにくだらないかがわかる。標準日や正当な価格など存在しない。なぜなら労働力は「精神的および歴史的要素」を含んでいる点で、他の商品と異なるからだ。(一二二頁)

マルクスが「標準労働日」という概念を非常に重視したことはよく知られているし、労働力価値に「正当な価格」を求めることも非常に重要である。たしかに労働力には「精神的および歴史的要素」が含まれているが、一定の時代・地域・文化水準における平均値でもってその正常な質と量と範囲とをある程度特定することができる。「くだらない」どころではない。

5、マルクスの現代性

しかし、以上の点を差し引いても、なお本書の魅力は揺るがない。すでにマルクス主義についてそれなりに学習した者にとっても学ぶべき点の非常に多い著作である。この書評では触れることのできなかった部分にも、興味深い論点が少なからず存在する。たとえば、「プロレタリアートの独裁」における「独裁」の意味についてがそうだ。それは「一九世紀にあっては、古代ローマにおける例外的権力機関を想起させる語彙」であって、この機関は「緊急事態に対処するために正式に委任された、期限つきの権力機構」であり、「恣意的な専制権力とは無縁」であることが指摘されている（九六〜九八頁）。さらに、マルクスがエンゲルス宛ての手紙の中で、「時間があれば」書くと言っていた弁証法に関する小冊子が、結局なぜ書かれなかったのかに関する興味深い洞察などもそうである。それが書かれなかったのは「時間がなかった」からではなく、弁証法は具体的な対象の内部に発見されるべき「限定された特殊な論理」であって、抽象的に一般化することができないからだとベンサイドは見ている（一八二〜一八三頁）。

そして何よりも、この著作は、マルクスに対する多様な読み方を刺激し促すものである。多くの「マルクス学者」たちは、われこそは真の正しいマルクスを発見したと称し、他のいっさいの解釈者たちをよくて「誤読」の罪で、場合によっては「背教」と「俗流化」の罪で告発したものだった。もちろん、たしかに断罪すべき軽薄な解釈もあるだろうし、実際にあった。だが、ベンサイドが本書において積極的に勧めるのは、そのようなセクト主義的で神学的な「マルクス囲い込み」ではない。その反対である。

著作という遺産は、とりわけそれが実践的な行動に向けられている場合、その字面には還元できない。それは、その解釈と受容の歴史であり、時には著作に忠実であり続けるための最善の方法となることもある不忠実も含まれる。……それはいわば所有者も使用法も持たない遺産である。その遺産は新たな著者となる相続人たちを求めている。……重要なのは、……本来の真正なマルクスというものを求めて考古学的発掘を企てることではなく、その解釈の余裕を取り戻し、無視されたりもみ消されたりしてきた手がかりを発見しながら思想を生かすことである。(一九二頁)

唯一正しいマルクス解釈を発見することではなく、「解釈の余裕を取り戻す」こと、これこそが現代の多くの研究者や活動家たちに求められている実践的態度である。ここにおいて、ベンサイドが本書の題名を「取扱説明書」としたことに込められた意図が明らかとなる。それは、がちがちに固まった唯一の真正なマルクス解釈なるものからマルクス自身を解放し、マルクスの中にあるさまざまな可能性に光を当てて、われわれが直面する現代的課題に創造的に取り組む手がかりを見出すことへと読者をいざなっているのである。だが、なぜ百年以上も前のマルクスの著作が現代の問題を解決する手がかりになるのか？　それは本書全体で明らかにされていることだが、本書の最終章でより簡潔にこう述べられている。

マルクスの現代性とは資本そのものの現代性である。というのも、彼がその時代の傑出した思想家だとしても、その時代とともに思考したとしても、同時に時代に抗して、時代を越えて、時ならぬやり方で思考したからだ。手ごわい敵である資本の非人格的な力との理論的・実践的な格闘によって、彼は現在の私たちのもとにまで運ばれる。彼の昨日の非現代性が今日の現代性を生み出すのだ。（二九一頁）

ベンサイドのこの一文は、今日、戦後における最も反動的な時代に生きているわれわれにとっても大いに指針となる言葉であろう。この惨めで嘆かわしい現代日本においてこそ「時ならぬ思考」＝「反時代的思考」が必要なのであり、マルクスはそのための最も貴重な遺産なのだ。そしてこの遺産を囲い込むのではなくそれを生かすためには、この遺産そのものにも批判的態度で向き合わなければならないだろう。

最後に、本書に多数挿入されているシャルブの漫画が、本書の魅力をいっそう高めていることについても一言しておこう。資本家や当時のフランス大統領サルコジに対してだけでなく、マルクスやエンゲルスに対してさえ皮肉たっぷりの挿絵は、何度読んでもつい笑ってしまうものである。このようなユーモアや諧謔の精神は、日本の急進左派にはおおむね欠けているものであり、その点もわれわれは大いに学ぶべきであろうと思われる。

（二〇一三年一二月）

【補論】『ゴータ綱領批判』の標準労働日論と公正概念

本章で、ベンサイドの標準労働日認識（標準労働日という概念を無意味なものとみなす立場）がマルクスのものとまったく異なることを指摘しておいたが、本章が対象にした著作は入門書なので、この点に関するベンサイドの真意がいまひとつ明らかでなかった。その後、ベンサイドの理論的主著の一つである『時ならぬマルクス』の翻訳が出版され、その中で、ベンサイドは標準労働日にも触れており、その部分を読んではじめて、ダニエル・ベンサイドがいかなる論理にもとづいてあのような認識を持つにいたったのかの一端が明らかになった。そこで、この「補論」で簡単に検討しておきたい。

「ゴータ綱領批判」における標準労働日論

ベンサイドはいわゆる「アナリティカル・マルキシズム（分析的マルクス主義）」の議論、すなわちマルクスの搾取批判には「正義」や「道徳」の要素があるとする議論に反論する中で、『ゴータ綱領批判』に言及しつつ次のように述べている。

実際に、『ゴータ綱領批判』全体は「公正な賃金」や「標準労働日」を肯定的に定義する誘惑に反対している。搾取が個人的不正義ではなく階級関係であるかぎりで、搾取の否定は正しい分配にも、剰余労働の単なる廃止にもなく、社会的剰余生産物とその充用の民主主義的統制にある。（ダニエル・ベンサイド『時ならぬマルクス』未来社、二〇一五年、一九八頁。訳文は一部修正）

周知のように、『ゴータ綱領批判』とは、一八七五年にドイツのラサール派とアイゼナッハ派（マルクスに近い）とが合同するにあたってゴータで開催された合同準備会で発表された綱領草案（いわゆるゴータ綱領）をマルクスが批判した覚書のことである。マルクスはアイゼナッハ派がこの綱領草案においてさまざまな点でラサール派の理論や用語に譲歩したことに怒りを感じ、このまま放置したら、アイゼナッハ派がラサール派に飲み込まれてしまうという危機感を感じて、有名な「ゴータ綱領批判」と後に呼ばれる覚書を書いたのだった。エンゲルスもこの憂慮を共有していて、手紙などの形でこの綱領草案を批判し、それを修正するようリープクネヒトやベーベルなどの腹心たちに迫った。

さて、その『ゴータ綱領批判』なのだが、そこではたしかに綱領草案に入っていた「標準労働日」に対しても短い批判を加えている。それはどのようなものだったろうか？　それはベンサイドが主張しているような「『標準労働日』を肯定的に定義する誘惑に反対」するようなものだったろうか？　いやそうではなかった。そんな「反対」はまったく存在しない。逆に次のように書かれている。

2、標準労働日

他のどの国の労働者党でも、こんな漠然とした要求にとどまってはおらず、かならず当面の事情のもとで標準的だと党が考える労働日の長さを定めている。（邦訳『マルクス・エンゲルス全集』第一九巻、大月書店、三二頁）

つまり、「肯定的に定義する」「誘惑」（？）に「反対している」どころか、もっと具体的に何時間が標準労働日としてふさわしいのかについて明記せよと述べているのである。というのも、当時は「標準労働日」と称しながら一〇時間とか一〇時間半などの長時間労働が大手を振ってまかりとおっていたからである。漠然と「標準労働日」を主張することにとどまるのではなく、具体的に何時間が標準労働日としてふさわしいのかをきちんと明記せよとマルクスは主張しているわけである。これ以上肯定的な規定があろうか？　当然ながら、マルクスがこの時念頭に置いていた労働時間は八時間だったろう。そしてこれが後に世界的標準になっていくのである。

ドイツ労働者党の指導者たちはこの批判を受けて多少文言を修正したが、結局、何時間かを明示せず、「社会的必要に応じた標準労働日」という文言に修正しただけだった（マルクス『ゴータ綱領批判』岩波文庫、一九七五年、一八二頁）。総じて、この時点でマルクスとエンゲルスの弟子たち（アイゼナッハ派）は、ラサール派との統一によって単一の労働者党をドイツに成立させることに重点を置いていたので、文言上の譲歩がそれほど深刻な政治的問題を生むとは考えていなかったのである。

マルクスもエンゲルスも、弟子たちのこのような妥協的態度に大いに不満を感じたのだが、その後、この新たに成立した党（ドイツ社会民主党の前身）はマルクスとエンゲルスの憂慮に反してラサール主義にますます屈服していったのではなく、逆にますますマルクス主義的なものとなり、一八九一年一〇月にエルフルトで開催された大会向けに発表された新たな綱領草案（いわゆるエルフルト綱領）では、理論の上でも用語の上でもはるかにマルクス主義的な色彩を帯びたものとなり、ラサール主義的な要素はほぼ払拭された。そして、この標準労働日問題に関しても、綱領草案は「ゴータ綱領批判」でのマルクスの主張に沿って、はっきりと「最高八時間を超えない標準労働日の制定」と明記するに至ったのである（同前、一九〇頁）。エンゲルスの有名な「エルフルト綱領批判」でも、この標準労働日に関する記述には何の批判もなされていない。以上の諸事実からしても、「標準労働日」という概念がマルクスにとっていかに重要なものであったかがわかるだろう。

階級闘争と公正概念

それにしても、なぜベンサイドは「標準労働日」概念を否定しようとしたのか？　それは、普遍的な「公正」や「正義」という観点からマルクスを読み替えて、資本主義批判を行なおうとするアナリティカル・マルキシズムに対する批判意識が行きすぎた結果であろうが、より一般的には、階級闘争における「社会的承認」という契機（その延長上において「正義論」や「公正概念」と接合しうる契機）を軽視した結果であろう。社会の標準的な労働日というのは、「純粋に」客観的な経済法則によってだけで決まるわけではないし、また逆に剥きだしの階級闘争によってだけで決まるのでもない。その時点で、どれぐらいの長さの労働日が「ノーマルな（正常で標準的な）」ものとして社会的に承認されるのか、あるいはされうるのかという要素によっても深く影響されるのであり、この社会的承認の契機はそれはそれで、その時々の社会意識、人権水準、国際的基準、法的整合性、社会的諸制度、等々にも影響される。標準労働日の大きさは最終的には階級闘争によって決着をつけられるとしても、こうした（相対的に自立した）他の諸要素との相互作用を媒介として決せられるのである。

むしろ、マルクスのこの標準労働日論を手がかりとして、マルクス主義的な「人権論」、「正義論」を積極的に展開していくことは正当な問題意識であろうと思われる。そしてこれは階級闘争にとっても決定的である。今日のさまざまな社会運動や労働運動がいかに「平等」や「正義」、「公正」や「人間の尊厳」というスローガンのもとに発展しているかを見れば、これらの諸概念をブルジョア的だといって軽蔑的に退けることが階級闘争の発展にとってけっしてプラスにならないことは明らかである。

実を言うとこの問題は、資本主義的生産様式の本質そのものに関わる長い射程を有している。たしかに、マルクスが言うように、そしてベンサイドが口を酸っぱくして言っているように、超歴史的で普遍的な「正義」や「公正」の概念がアプリオリに存在するわけではなく、これらの概念は歴史的な生産システムのあり方に根本的に制約されつつ、歴史的に生成し、歴史的に定着していったものである。したがって、封建的生産様式はそれ自身の「公正」や「正義」の概念を有しているし（「論語」などに典型的に見られるように）、資本主義的生産様式もまたそれ自身のシステムを正当化する「公正」や「正義」の概念を有している。そして、資本主義社会において支配的な「公正」や「正義」を体現するのは「自由」「平等」「所有」等々であり、それらは、身分社会であった封建社会よりもはるかに普遍的で、すべての諸個人に妥当するものとして理念化されている。

にもかかわらず、資本主義の現実は、その支配的な諸規範に反する実態を日々生み出している。このことから、一方では、こうした規範が不平等で不公正で正義に反する現実を隠蔽するイデオロギーの役割を果たすという批判が生じるし、そもそもそうした概念そのものに敵意ある態度も生じる。しかし他方では、資本主義が、その生産・蓄積過程を通じて絶えず、この自らが設定した諸規範を侵犯し、それを正反対物に引っ繰り返さざるをえないし、今日の新自由主義の時代においては、ますます露骨かつ系統的に侵犯せざるをえないのだとすれば、この「公正」や「正義」や「平等」や「自由」が逆に資本主義的現実を告発するイデオロギー的武器にもなりうるのである。

「労働にもとづく所有」？　だが、資本主義においては最も労働しない者たちが巨万の富を世界中からかき集め、最も多く働く者たちは日々の暮らしさえままならない。「公正な交換」？　だが、大企業の利潤はますます増大しているのに、労働者の賃金はますます下がり、労働時間はますます増大している。「自由」？　だが、一握りの大金持ちと大企業だけが自由を謳歌し、大多数の労働者や一般市民が根本的な隷属と不自由に陥り、しばしば「生存の自由」さえ脅かされている。「平等」？　だが、今日では人口の一％、あるいは〇・一％が世界の富の過半数を独占し、一般労働者はますます貧困に追いやられている。「友愛」？　だが、パナマ文書が暴露したように、大金持ちと大企業ほどますます巨額の税金逃れをして使いきれない金を溜め込む一方で、一般の労働者は重税に苦しみ、福祉は削減され、貯金さえできない状況にいる。以上の事態こそまさに、マルクスが『資本論』の蓄積論で力説した「領有法則の転回」の種々の帰結でもあるし、一方の極における富の蓄積と他方の極における貧困の蓄積という「資本主義的蓄積の敵対的性格」を社会に開示するものなのだ。

こうした状況はすべて、資本主義的生産様式そのものの正当性を脅かしている。だからこそ、「公正」や「正義」や「平等」や「自由」という一見するとブルジョア的な諸規範が、ブルジョア的表面を突き破って、資本主義的生産様式の核心に達する批判力を、いわば「過渡的綱領」のようなダイナミズムを有しうるのである。

「格差の拡大や巨額の税金逃れは資本主義なら仕方がないことだって？　ならば最低限の公平も平等も実現できないような資本主義には歴史から退場していただこう」、今や世界中でこのような声が広がっているし、ますます広げていかなければならない。

（二〇一六年五月）

第5章

現代から古典へ

――マルクスの経済学を学ぶ

本章は、二〇一四年一〇月にアジア連帯講座の主催の学習会で行なった講演に若干の加筆修正を施したものである。この講演で取り上げたドイツ文化センターでの講義では、ここでの議論をいっそう詳しく展開した。なお、ここで少し取り上げた「労働能力」から「労働力」への小転換の意味とそれが生じた理由については、この講演の後に、『「資本論」第一部草稿――直接的生産過程の諸結果』(光文社古典新訳文庫、二〇一六年)の「解説」で詳しく論じたので、それを参考にしてほしい。

この間、この章の最後で取り上げた法定最低賃金をめぐってアメリカの各州で労働組合やNGOなどによって活発な取り組みがなされ、いくつかの州や自治体で最低賃金の大幅アップが獲得された。他方、日本の最低賃金レベルは先進国の中であいかわらず最低水準である(二〇一六年時点で全国平均で約八〇〇円)。だが、この日本でも法定最低賃金の引き上げを目指す運動が草の根で取り組まれはじめており、「最低賃金を時給一五〇〇円に」というスローガンが提起されている。そうした取り組みこそまさに、実践的に古典を超えていく試みであろう。

はじめに――現代から古典へ

みなさんもご承知のように、二〇〇八年の世界金融恐慌をきっかけとして、世界的なマルクス・ブームが起きました。この日本でも小規模ながら同じブームがありましたし、今でも多少その流れは続いています。貧困や失業、経済格差がますます広がりつつある現在の日本の状況は、まさにそうした問題を原理的に解明しようとしたマルクスの経済学に対する関心が広がるための豊かな土壌を提供しています。

たとえば、今年（二〇一四年）の五月から七月にかけて、私はドイツ文化センターで「マルクスの経済学を学ぶ」というテーマで三回にわたる連続講演を行ないましたが、この連続講義には毎回五〇人を越える参加者があり、しかも、回を追うごとに参加者が増えていきました。ドイツ文化センターの職員の方も、マルクスというテーマで毎回こんなに人が集まることにびっくりしていました。

この連続講演は、光文社古典新訳文庫から出版した『賃労働と資本／賃金・価格・利潤』を記念してのものでしたが、この著作は、マルクスの経済学を最初に学ぶ人のための便利な入門書にしてもらおうと思って企画し翻訳編集したものです。

しかし、『賃労働と資本』は、ブリュッセルでの労働者向けの講義（一八四七年）にもとづいて一八四九年に『新ライン新聞』に発表されたものです。『資本論』の初版が出版されるのが一八六七年ですから、二十年も前の講義が基になっています。この二〇年は、マルクスの経済思想において革命的な変革が起こった時期ですから、『賃労働と資本』を読んで入門にするといっても、そこには明らかに限界があります。

他方、『賃金・価格・利潤』は一八六五年半ばの講演に基づいており、この時点でマルクスの経済理論は、少なくともその生産過程論に関してはおおむね完成していたわけですから、『賃金・

価格・利潤』はマルクスの『資本論』に非常に近い水準のものです。

そうすると『賃労働と資本』には意味がないのかというと、そんなことはありません。マルクスの理論的到達点を正しく理解するためには、どこから、どのような道を経て、そこに到達したのかを知ることは非常に有意義です。したがって、この両者の間にどれほどの理論的差があって、マルクスがどのような知的過程を経て前者から後者へと至ったのかについて、きちんとした解説を入れておけば、『賃労働と資本』も入門書として有益な役割を果たすことができるのです。それゆえ、今回の『賃労働と資本／賃金・価格・利潤』には非常に詳細な長文の解説を入れておきました。以上の点を踏まえて、さっそく今日の本題に入りましょう。

1、マルクスにおけるグランドパラダイムの成立

マルクスの理論は、一定の有機的まとまりを持った総体的なものです。その中には多くの構成要素を見出すことができると思いますが、その中でとくに重要な構成要素として、いわゆる初期マルクスから前期マルクスにかけてマルクスの思想ないし理論のうちに生じた次の三つの発展ないし飛躍を指摘しておきたいと思います。

第一の要素は、「革命的民主主義から革命的共産主義へ」という発展であり、第二の要素は、「ドイツ思弁哲学から史的唯物論へ」という発展であり、第三の要素は、「労働価値論の拒否から労働価値論に基づく資本主義の批判的分析へ」という発展です。このように革命的共産主義（革

命論を含む)、史的唯物論、体系的な資本主義批判という三つの要素が相互に支えあい規定しあって(時に矛盾しあって)、全体としてのマルクスのグランドパラダイムを構成しているわけです。これらの諸要素は、若干時期がずれていますが、おおむね一八四〇年代の前半から半ばにかけてあいついで成立します。

マルクスのグランドパラダイム

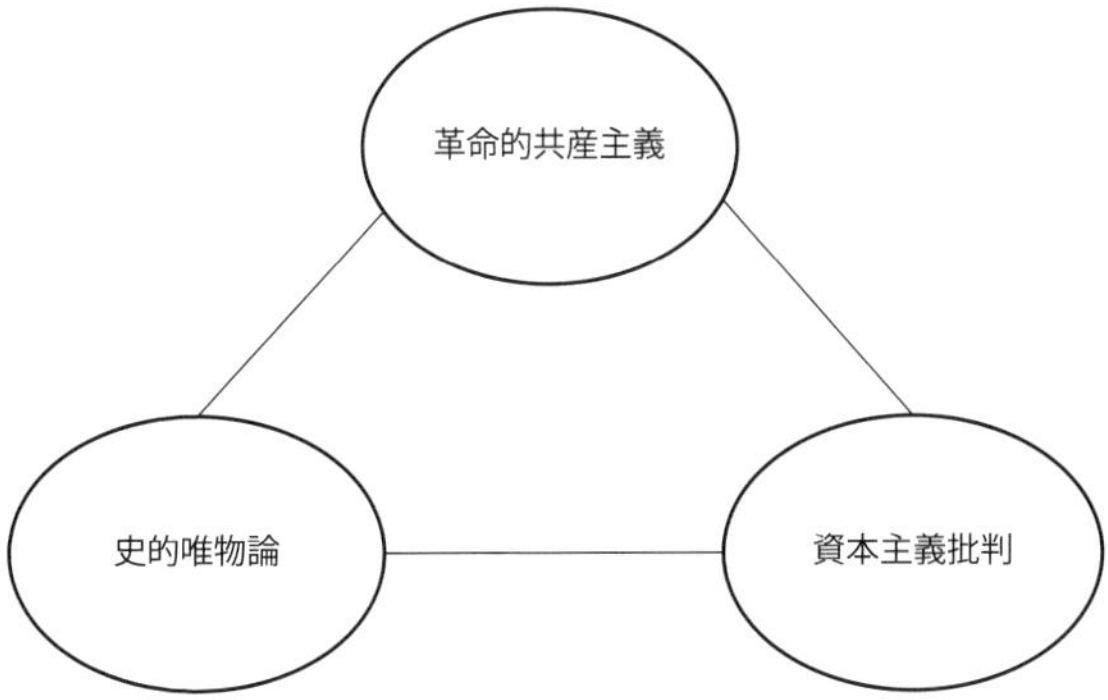

「三つ」という数字ですぐに思い出すのがレーニンの「マルクス主義の三つの源泉と三つの構成部分」(一九一三年)です。三つの源泉というのはイギリス古典派経済学、ドイツ観念論哲学、フランス社会主義のことで、各要素がそれぞれ別の国と結びついていて、わかりやすい説明になっています。しかし、実際にはこのように理論的起源と国とが厳密に対応するわけではありません。マルクスの出身国であるドイツの観念論哲学を別にすれば、たとえば社会主義思想に関しては、フランス社会主義(サン・シモン、フーリエ、カベー、ルイ・ブラン、プルードンなど)だけでなく、イギリスの初期社会主義者たち(ロバート・オーウェン、ウィリアム・トンプソン、ホジスキンなど)の影響も非常に強いですし、また、古典派経済学は、確かにイギリスが主ですが、フランスの

経済学も非常に重要です。ケネー、ボアギュベール、J・B・セー、シスモンディなどがそうです。ですからあまり国との関係に厳密に対応させずに、三つの要素を並べました。

そして、この三つの要素は、それぞれがバラバラにあるわけではなくて、相互促進と相互制約の関係にあり、デヴィッド・ハーヴェイの言葉を用いれば「共進化（co-evolution）」の関係にあります。

まず一つ目についてですが、マルクスとエンゲルスは、何か理想的なユートピア主義的観点から社会主義・共産主義を受け入れたのではなく、それを受け入れる以前から実践的な革命的民主主義者だったのであり、その立場から革命的共産主義の立場へと移行したのです。この革命的立場こそがマルクスの生涯を貫く回転軸であることは、るる説明するまでもないことでしょう。彼は何よりも革命家であり、革命家であり続けました。そしてこの立場が、残りの諸要素にとっても決定的な意味を持ちます。

二つ目の「ドイツ思弁哲学から史的唯物論への移行」についてですが、なぜ思弁哲学が史的唯物論と関連するのでしょうか？　ドイツ思弁哲学としては基本的にはヘーゲルを念頭に置いていますが、ヘーゲルの思想は観念論ですけども、彼はその観念論的立場からとはいえ、雑多な諸事件の偶然的な集積に見える歴史のうちに、必然的な発展法則を見出そうとしました。有名な「歴史の狡智」という言葉に示されるように、多くの人々や国家や党派などがさまざまな思惑にもとづいて行動するけれども、その結果として実現されるのは、彼らの思惑とはまったく別の、目に見えない歴史の法則性、必然性だということです。無数の人々や結社、無数の党派や政府、無数の王国や軍隊、その他のもろもろの争いを通じて、歴史の内的な必然性が客観的に実現されていくのだという歴史観を唱えたわけです。この歴史観は明らかに脈々とマルクスのうちにも流れています。

しかしマルクスとエンゲルスはこの歴史の必然性という観点を唯物論の立場から再構成し、脱構築します。ヘーゲルのように「世界精神」ないし「絶対理念」を実現する歴史の自己発展という目的論的歴史観ではなくて、歴史発展の究極的根拠を、人々の物質的な生活の生産と再生産という具体的で歴史的な営みに見出し、階級という人間集団間の闘争によって具体的に歴史が形成されるとしました。そしてマルクスとエンゲルスは、頭で立っていたヘーゲル観念論を引っ繰り返して足で立たせたフォイエルバッハの哲学の受容と批判を通じて、最終的に史的唯物論へと行き着くわけです。

三つ目の「労働価値論の拒否から労働価値論に基づく資本主義の批判的分析へ」についてですが、革命的共産主義と史的唯物論の立場に立つということからして、当然、資本主義もまた歴史的に一時的なシステムにすぎないのであって、それ自身の内的な諸矛盾に基づいて、より高度な社会に取って代わられるのだという理論的展望が生じてきます。しかし、このような一般的レベルだけで資本主義の歴史的限界性を説得的に示すことはできないわけで、資本主義のシステムそのものに深く内在して、その内的運動法則を具体的に解明することによって、その課題を果たさなければなりません。しかし、ここからマルクスの本当の苦闘が始まるわけです。

2、前期マルクスの経済学――『哲学の貧困』から『賃労働と資本』へ

マルクスは（そしてエンゲルスも）、最初、労働価値論を受け入れていませんでした。最初に経済学を研究し始めた一八四〇年代前半の時点では、現実の商品の価格は、労働によって決まっているのではなくて、競争や階級間の力関係によって決まるという立場でした。その立場から、古典派経済学の中心人物であるスミスやリカードを批判していたわけです。これは当時両者が共鳴していたプルードンの理論的影響なのですが、しかしマルクスは研究を進めるうちに、労働価値論を否定してリカードやスミスを批判しても、どうもそれは非常に上滑りの批判になることを自覚していきました。

マルクスが労働価値論を受容したことを示している最初の文献は、『ドイツ・イデオロギー』でして、わずか二箇所ですが、労働価値論にもとづいていると思われる文章が登場しています。このことは、すでにエルネスト・マンデルの『カール・マルクス――経哲草稿から資本論へ』（河出書房新社、一九七一年）の中で指摘されています。しかし、この段階ではまだこの程度です。

その後マルクスは、労働価値論に基づいて本格的な資本主義分析に向かうのですが、その最初の成果が『哲学の貧困』（一八四七年）と『賃労働と資本』です。『哲学の貧困』では、全面的に労働価値論を受け入れた上で史的唯物論にもとづいてプルードンの経済学を猛烈に批判しています。しかし、この時のマルクスの資本主義批判のレベルは、「史的唯物論＋リカード理論」といっ

たレベルのもので、まだまったく不十分です。リカード理論とは、後でも再び触れますが、非常に法則還元主義的な経済理論です。このような法則還元主義的な経済理論は、この時点でのマルクスのやや機械的な史的唯物論理解と相互に親和的な関係にあったと言えます（先に述べた「共進化」関係）。

マルクスは、『哲学の貧困』を書いたあと、『共産党宣言』『賃労働と資本』などを書きます。ちょうど一八四八～四九年のヨーロッパ革命の真っ最中のことです。『共産党宣言』を書いたのはフランスの二月革命が起こる直前であり、『賃労働と資本』が発表されたのは、革命が敗北的な方向に向かいつつあったとはいえまだ革命的展望が存在していた一八四九年前半です。マルクスがヨーロッパ革命の最終的敗北を確信するのは、もっと後の一八五〇年以降です。その間にマルクスはイギリスに亡命していて、やがてしばらくは本格的な革命は起きないと判断して、経済学の研究を一からやり直し、本格的な経済学研究に入るわけです。

さて、イギリス亡命以前の時期に書かれた『哲学の貧困』から『賃労働と資本』に至るまでの一連の経済学的文献は、一つの理論的まとまりを持っています。これを私は「前期マルクス」と呼んでいます。

みなさんは「初期マルクス」という言葉は聞いたことがあると思います。一八四〇年代前半の初期マルクスについては世界的によく論じられ、この日本でも『経済学・哲学草稿』をはじめとする初期マルクス研究がさかんに行なわれています。また『経済学批判要綱』（以下、「要綱」と略記）を中心とする「中期マルクス」に関してもかなり研究の蓄積があります。しかし、この前期マルクス、とりわけその時期の経済理論の研究はあまりなされていません。初期マルクスほど哲学的ではないし、かといって中期マルクスや後期マルクスほど独自の理論が確立されているわけではないのが、この前期マルクスの経済理論です。この中途半端さのせいで、この時期の経済理論の研究は分厚いマルクス研究史においてかなり手薄な部分です。しかしながらこの時期におけるマルクスの理論的水準を正しく理解することは、その後の中期マルクスと後期マルクスの理論的到達点を理解する上で非常に重要なのです。

「労働の価格」としての賃金

そこで次に、この前期マルクスの経済理論における諸要素について具体的に見ていきましょう。まずは、賃金が、『資本論』におけるように「労働力の価値」としてではなく、「労働の価格」として把握されています。賃金を「労働の価格」として把握する立場は古典派経済学の全体に共通しているので、これを私は「古典派のドグマ」と呼んでいます。この「古典派のドグマ」をこの時点のマルクスは全面的に受け入れています。

みなさんもご存知のように、「労働力」と「労働」とを明確に区別し、賃金を「労働の価格」としてではなく、「労働力」ないし「労働能力」という独特の商品の価値の現象形態として理解することがマルクス独自の経済学を成立させるうえで跳躍点をなすものでした。この点については、『賃金・価格・利潤』の中でマルクス自身が非常にわかりやすく説明しています。しかし、前期段階ではこの、「労働力」と「労働」との区別論は存在しないのです。

「労働力」という言葉そのものが存在しないのかというと、そうではありません。『賃労働と資本』にも一箇所出てきますし、『マルクス・エンゲルス全集』全部に検索をかけて調べてみますと、エンゲルスはかなり早い段階から「労働力」という用語を用いています。たとえば『イギリスにおける労働者階級の状態』には二箇所ほど出てきますし、エンゲルスの最初期の経済学論文である「国民経済学批判大綱」にも「労働力」という用語が五〜六箇所出てきます。

しかし、エンゲルスの「労働力」使用例を見ますと、その意味するところは、われわれが日常用語で使っている「労働力」と同じで、要するに労働者ないし「人手」のことなのです。たとえば、今日「労働力不足」という言葉が一般に用いられますが、これは「人手」が不足しているという意味であって、独特の商品としての「労働力」のことを言っているのではありません。エンゲルスも基本的にこの「人手」の意味で「労働力」を用いています。

ところで、マルクス以前に、賃金は「労働の価格」というよりも、「労働能力ないし労働力の価格」と考えるべきじゃないかという試論を展開した人がいました。フランスの古典派経済学の代表者でシスモンディという人物です。シスモンディは、一八一九年に出版された主著『経済学新原理』の中で、「人手」を意味する「労働力」と明確に区別して、「労働する能力」という意味で「労働能力」ないし「労働力」という用語を何度も用いています。その典型的な箇所の一つでは、こういう議論をしています。賃金は「労働の価格」だと言うと、労働をしている時間だけ賃金が支払われ、その期間だけ生活が保障されるかのようだ。だがそうではなく、労働者は、労働している時間だけでなく、法律で定められた休日や老齢期にも全体としてその生活が賃金で保証されなければならず、その労働する力（force）が維持されなければならないはずだ、と。ここでは「中期マルクス」の認識にぎりぎり接近しています。この議論をもう少し先に進めれば、労働価値論に基づいて剰余価値の発生を法則的に説明できるようになるのですが、残念ながらシスモンディはその手前で終わっています。

ちなみにシスモンディは、この「労働能力」論をはじめ、リカードとマルクスとの理論的架け橋のような位置を占める経済学者ですが（彼は同時に優れた歴史学者でもありました）、「小ブルジョア社会主義」の代表者という『共産党宣言』でのレッテルや若きレーニンが「経済学的ロマン主義」として非難したせいで、今日でもマルクス派の中で過小評価されています。しかしシスモンディは、国家の介入による労働時間規制や労働者の保護、無制限の競争の規制、生産と消費との調和的発展などを対案として主張していたわけですから、今日で言うところの福祉国家論ないし社会民主主義の先駆者とみなすことができます。

賃金の最低限説

さて、これとの関連で、前期マルクスの理論的要素としてもう一つ重要なのが、彼が当時「賃金の最低限説」をとっていたことです。その後、この理論的立場が変化したことについては、エンゲルス自身が、マルクス死後に出版された『哲学の貧困』ドイツ語版に付した「注」で書いています。しかし、問題は、マルクスがなぜ「賃金の最低限説」をとっていたのかです。エンゲルスは、「注」の中で自分のせいだと言っていますが、これは違うでしょう。明らかにリカードの影響です。マルクスは、『哲学の貧困』でもリカードの議論を長々と説明した上で賃金はその最低限で決まるのだと説明しています。

その論理はこうです。一般の商品はすべて過酷な競争のもとで生産されており、したがってその生産費はその最低限によって決まる。賃金もまた労働という一商品の価格だから、その価格もその生産費の最低限で、つまりは労働者がかろうじて生きて繁殖できる最低限の生活費で決まる、というわけです。つまり、「賃金の最低限説」は、商品の価値がその最低限の生産費で決まるという独特の労働価値説を労働という商品に応用したものだったわけです。

これは単に理論的に誤っているだけではなく、実践的にも非常に重大な意味を持ちます。賃金が客観的にその最低限で決定されているということは、賃上げ闘争をしてもあまり意味がないということになってしまいかねないからです。実際、マルクスは、『賃労働と資本』の講演とほぼ同じ時期に書かれた「賃金」(『賃労働と資本／賃金・価格・利潤』の付録に入れておきました)という手稿の中で、はっきりと労働組合による賃上げ闘争というのは経済的にはあまり意味がないという立場をとっています。ただし政治的には意味があると考えており、この点については後でもう一度述べます。

「労働日」問題の不在

同じく重要なのは、この時点でのマルクスの議論に「労働日」問題がほぼ不在だったことです。労働日とは一日当たりの労働時間のことです。日本のように長時間労働が常態化している社会では、この労働時間の問題が実践的に非常に重要であるのはすぐわかると思います。理論的にもこれは非常に重要です。「賃金の最低限説」と同じく限界原理をとるとすると、労働日に関しても、労働者が一日でなしうる限界の時間というものに労働日を設定しがちです。もしそうだとすると、労働日を短縮させる闘争もあまり意味がないということになります。もちろんマルクスは、さすがにそこまでは書いていませんが、労働日の長さは、独自の理論問題としては設定されていませんでした。

マルクスは、その後、経済学の研究に没頭するんですけども、その中で一番、立場が変わったことの一つが、この「労働日」問題なんです。周知のように、現行版『資本論』の第一巻第八章「労働日」は非常に長大な章であり、その中で詳細に「労働日」問題について理論的・歴史的に論じられています。マルクスがどれだけこの問題を重視していたのか、このことは、「個々の問題に関する暫定中央評議会代議員への指針」の中で、「労働日の制限は、それなしには今後の改良と解放のあらゆる試みが失敗に帰すような前提条件である」とまで言っていることからしても明らかです。

利潤と賃金との反比例関係

次に第四点として、「利潤と賃金との反比例関係」について説明します。私はこれを「リカードのドグマ」と呼んでいます。実を言うと、利潤と賃金が相反関係にあるというのは、リカードが確立した最も重要な命題の一つです。そして、マルクス自身も、後年の『賃金・価格・利潤』

において、この法則の発見をリカードの「偉大な功績」であると言っています。リカードは、賃金が上昇すれば価格も上昇するという俗論を退け、労働価値論に基づいて賃金の上昇は利潤の下落を生むのであって商品の価格上昇をもたらすわけではないことを証明しました。つまり賃金と利潤とが反比例するということは、利潤を増やすためには賃金を削らざるをえず、その逆は逆ですから、資本家の立場と労働者の立場は根本的な階級的対立関係にあるということになります。そして、労働価値説に基づけば、すべての価値は労働者が作っていますから、労働者が作り出した価値はすべて労働者に帰属すべきだ、という議論へと必然的につながります。こうして、リカードの労働価値説と「賃金と利潤の反比例」論から一直線にリカード派社会主義者たちの議論へとつながっていくわけです。

では、なぜここで「ドグマ」という言い方をするのかと言いますと、これは実は先ほど述べた「労働日」問題の不在と関連しており、『資本論』では、これは一面的な命題であると明確に批判されています。なぜ一面的かと言うと、この議論では、労働日（および労働強度）が一定であると最初から前提されていて、労働者が一日当たりにつくり出す価値量が不変の大きさであると暗黙のうちに前提されているからです。リカードもスミスも労働日の長さを一定だとみなしており、それが具体的に何時間であるのかについてまったく論じていません。

たとえばリカードは『経済学と課税の原理』の中で、一〇〇万人の労働者が作り出す使用価値の量は、労働生産性の大きさに応じて大きく変化するけれども、その総価値量は常に一定であるという議論を展開しています。これは、使用価値と価値とを明確に区別したものとして非常に重要な議論なんですけれども、しかし、ここには大きな落とし穴がありました。一〇〇万人の労働者が作り出す価値の大きさが常に一定であると前提することができるのは、各労働者の労働日の長さ（および労働強度）が常に一定であるという前提が成り立つ場合だけなんですね。ところが労働日は可変ですから、一〇〇万人の労働者が作る価値量は、平均的な労働日の長さしだいでまったく異なってくるわけです。たとえば、一日八時間しか労働をしない一〇〇万人の労働者がつくり出す価値量と、一日一二時間労働する一〇〇万人の労働者が作り出す価値量とは、一・五倍もの差があります。ですから、同じ一〇〇万人と言っても、労働日の大きさによってぜんぜん違う価値量をつくり出すわけです。

さて、一日あたりの労働時間が長くなれば、賃金が別に減少しなくても利潤、すなわち剰余価値は増大します。この論点は実は『資本論』では、絶対的剰余価値の生産として総括されているものであり、剰余価値の発生メカニズムそのものを解明する鍵でもありました。それゆえマルクスは、リカードには相対的剰余価値論は事実上存在するが、絶対的剰余価値論は存在しないと批判しているのです。しかし、前期段階のマルクスはこの点でもリカードに追随しており、賃金と利潤とが単純に反比例関係にあるとみなしています。

労働組合の政治的把握

さらに、この前期段階の理論的限界としては、先に少し述べた労働組合論があります。労働組合の存在意義そのものを否定しているわけではありませんが、一方では「賃金の最低限説」をとり、他方では「労働日」問題が不在だったことで、労働組合が資本主義の枠内で経済闘争をすることにあまり意義はないということになってしまいます。しかし、マルクスは、『哲学の貧困』や「賃金」草稿の中で、労働組合への結集とそこでの闘争経験を通じて、労働者が政治的に組織化されることが重要なんだとみなし、そうした政治的観点から労働組合を評価しています。

当時の社会主義者の多くは労働組合無用論に陥っていたわけですが、マルクスは（エンゲルスもそうですが）労働組合の意義を高く評価しています。しかし、マルクスの場合、それはあくまでも政治的な評価であって、労働組合の経済的意義については、ほとんど評価していません。これも、この時点でのマルクスの議論の特徴の一つであり、後に克服される限界の一つです。

この前期段階には他にも多くの限界がありますが、それらについては、私が『賃労働と資本／賃金・価格・利潤』に書いた長文の「解説」に譲りましょう。

3、マルクス独自の経済学の成立――中期マルクスと「要綱」

先ほど少し述べたように、マルクスは、一八五〇年から亡命先のイギリスで本格的な経済学研究に入ります。よく知られているように、この時期マルクスは毎日のように、朝から晩まで大英博物館にこもって、膨大な経済学文献を読みあさって、詳細なノートを何十冊も作成しました。その研究の成果の一端は、この時期にマルクスがエンゲルスに宛てた多くの手紙の中に見出すことができます。

しかし、そうやって研究を積み重ねるんですが、なかなか実際に自分の経済学を書き始めないんですね。エンゲルスは再三再四、経済学の著作を仕上げるよう催促するわけですが、マルクスはなかなか決意しません。やがて、生活費を稼ぐ必要もあって『ニューヨーク・デイリー・トリビューン』に寄稿する論文を大量に書きはじめ（この経験はマルクスの経済理論や政治理論の発展にとってそれなりに有意義なものだったとはいえ）、体系的な経済学の著作の執筆の方はますます先送りされるようになりました。しかし、一八五七年になってついに世界恐慌勃発の本格的兆候が見え始めたころ（それ以前にもマルクスとエンゲルスは手紙や論文の中で再三再四世界恐慌の勃発を「予言」しますが、ことごとくはずれていました）、マルクスはようやく意を決し、経済学の執筆に猛然と取りかかります。それが、後に「経済学批判要綱」と呼ばれる膨大な草稿です。

この「要綱」には、まさにマルクスの独自の経済理論が生まれてくる過程が生々しく記録されています。すでに一通りの理論が頭の中で出来上がっていて、それを単にノートに書き記していくというのではなくて、ごく大雑把な全体像はあったにせよ、具体的な理論的中身となると、この「要綱」を書きながら考え、考えながら書きつつ、そうした思考と執筆との相互作用、不断のフィードバックを通じて、しだいにマルクス独自の理論が生成していっていることが、この「要綱」を読むとよくわかります。それはいわば火山の噴火によって溶岩が流れ出してくる様に似ています。マルクスの頭脳という活火山から、次々と新しい概念や理論があふれて出てくるのですが、それらはまだ固まっておらず、流動的で、灼熱の温度を維持しています。しかしやがてそれらはしだいに冷えて固まって、一定の安定した諸概念、諸理論へと固定化していくのです。「要綱」

にはそのような過程が生き生きと映し出されています。

「労働」から「労働能力」へ

たとえば、この「要綱」で初めて「労働」と「労働能力」との区別論が登場するわけですが、「要綱」の最初の部分では、あいかわらず賃金は「労働の価格」として把握され、「労働商品説」が採られています。しかし、「要綱」の執筆が進むうちに、しだいにこの「労働商品説」は克服され、労働者が資本家に売るのは労働そのものではなくて「労働能力」であり、したがって賃金は「労働能力の価値」なのだ、という議論が登場するようになります。その際、いったいどういう論理でこのような議論が出てくるかというと、先ほど紹介したシスモンディの理路とはずいぶん違います。これはなかなか面白い議論なので、ちょっと詳しく紹介しましょう。

労働者と資本家との交換が何らかの商品交換であり、そして賃金が「労働の価格」だとすると、労働者は、「労働」という商品をあらかじめ所有していて、それを賃金と引き換えに資本家に譲り渡す、ということになります。しかし、マルクスは、賃金労働者ははたして労働をすることができるのか、という問題を立てます。労働者なんだから労働できるのは当たり前じゃないかとみなさんは思うかもしれませんが、マルクスはそうじゃないと言うんですね。賃金労働者はそもそも労働をすることができない。なぜか？　なぜなら労働者は、労働をするための手段、つまり労働を現実化するために必要不可欠な生産手段も生活手段もすべて欠いているからだ、というのです。労働を現実に行なうために必要不可欠な手段を欠いているのに、どうして労働することができるのか、と。労働をするのに必要な手段を欠いた「労働」は、単に無意味に体を動かしているだけであって、「労働」とは言えませんね。つまり、労働というのは、労働対象や労働手段と結合されて初めて現実に存在しうるのです。しかし、無所有者たる賃金労働者はそうした手段から完全に切り離されているわけですから、賃労働者にはそもそも労働することができないし、したがってそれを賃金と引き換えに資本家に売ることもできないわけです。労働者は、資本家に雇われて、つまりすでに何らかの交換が終わった後ではじめて、資本家のもとで生産諸条件と結合され、ようやくそこで現実に労働をすることが可能となるのです。ですから、労働者は、自分が所持してもいない「労働」を売りようがないのだから、賃金は「労働の価格」ではありえない、ということになります。

では労働者は、いったい何を資本家に売っているのか。それは、現実の労働ではなくて、単に、労働することができるという抽象的な能力です。労働者がかろうじて所有しているのは、労働そのものではなくて、それをなす可能性、能力でしかない。それゆえ、労働者はこの抽象的な能力を売るしかないわけです。このように、マルクスは、あらゆる生産手段から切り離されているという賃労働の根源的で階級的な存在形態から、「労働」と「労働能力」との区別論を最初に導き出したのです（後でも触れるように、この「要綱」時点ではマルクスは主として「労働力」ではなく「労働能力」という言葉を用いています）。

そして、この区別論にもとづくなら、『賃金・価格・利潤』で非常にうまく説明されているように、剰余価値の発生を労働価値論に基づいて見事に法則的に解くこともできるわけです。このことの解明が、マルクス独自の経済学が成立する上での跳躍点であるのは、みなさんもよくご存知のとおりです。

ただし、この「労働能力」概念が本当に確固たるものになるのは、この「要綱」の後半部分になってからであり、さらに言えば、その後に書かれた「一八六一～六三年草稿」と呼ばれる膨大な草稿においてです。この一八六一～六三年草稿には、「要綱」の前半部から書き写した文章がいくつかあるのですが、それらの文章を見ますと、「要綱」ではまだ「労働」と書かれていた部分の多くが、一八六一～六三年草稿に書き写した際に「労働能力」に書きかえられています。つまり、一八六一～六三年草稿のマルクスの認識では「労働能力」と表現すべき箇所が、「要綱」の前半部ではまだ、しばしば「労働」と書かれていたということですね。マルクスという火山から流れ出た溶岩はまだ固まっていなかったということです。

「要綱」の到達点と限界

この「要綱」では、このような核心的論点だけでなく、その他さまざまなマルクス独自の概念が成立しています。絶対的剰余価値と相対的剰余価値、不変資本と可変資本、剰余価値率と利潤率との区別、等々です。しかし、これらの概念もいきなり確定的な言葉として登場するのではなく、さまざまな用語を用いいつつ、しだいに特定の表現へと落ち着いていきます。

たとえば、生産過程における資本の最も本源的な区別を表わす用語として、「不変資本」（生産手段に投下された資本）と「可変資本」（労働力に投下された資本）という基本概念がありますが、これらも最初のうちは、「資本の不変部分」「資本の可変部分」という表現がされているし、「不変」「可変」を意味するドイツ語もさまざまな類似語が使われています。しかしやがて、より簡潔で正確な表現として「不変資本」「可変資本」という用語が確立していくのです。まさに火山からあふれ出した灼熱の溶岩が、しだいに冷えて固まっていっているわけです。

では、前期マルクスに見られたさまざまな限界がこの時点ですべて克服されたかというと、実はそうではありません。

たとえば、「賃金の最低限説」はこの「要綱」でも踏襲されています。「労働日」問題もまだ不在で、労働日はその最大限であると仮定されています。ただし、剰余価値論の確立に伴って、前期マルクスのときよりも、労働日の長さの可変性が持つ固有の意義が意識されるようになっています。「リカードのドグマ」についてはどうかというと、労働日の長さが自覚的に問題化されることで、その克服の萌芽がここかしこで見られますが、しかし全体としてまだまだ不十分です。これらとの関連で、「要綱」にはまだ非常に強い法則還元主義的で決定論的な資本主義像が見られ、階級闘争の独自の役割にはほとんど触れられていません。

4、後期マルクスの経済学——『賃金・価格・利潤』から『資本論』へ

これらの限界は、中期マルクスから後期マルクスへの移行過程における一連の膨大な草稿の中でしだいに克服されていきます。一八六一～六三年草稿や一八六三～六五年草稿と呼ばれるもの

がそれです。これらの膨大な草稿の執筆を通じて、中期マルクスにも部分的に受け継がれていた前期マルクスの理論的諸限界がしだいに自覚的に克服され、『資本論』のレベルへと高まっていくのです。そこで次に、後期マルクスについて見てみましょう。

「労働能力」から「労働力」へ

中期マルクスと後期マルクスを分ける一つのわかりやすい指標は、「労働能力」から「労働力」への用語上の変化です。すでに述べたように「要綱」では基本的に「労働能力」（ちなみに、これを意味するドイツ語は二種類用いられています）という用語が用いられていますが、時おり「労働力」も用いられています。その後の一八六一～六三草稿では基本的に「労働能力」に用語が一本化されます。しかし、一八六三～六五年草稿では再び「労働能力」と「労働力」とがかなりちゃんぽんに使われるようになり、しだいに後者の比重が増えていきます。そして、ある時点から「労働力」へと用語が統一されるのです。どの時点からかと言いますと、実は『賃金・価格・利潤』の講演がなされた時点からなのです。

一八六五年の半ばにマルクスは、国際労働者協会の評議会メンバーであるジョン・ウェストンという人の賃金論（賃金を増大させても物価が上昇するだけなので無意味であるという理論）に反駁するために、二回に分けて長い講演を行なうのですが、その中では、最初からマルクスは、労働者が資本家に売る独特の商品を「労働力」という表現で一貫させています。

なぜマルクスが「労働能力」から「労働力」へと用語を変化させたのか、その理由についてはまだ十分解明されていません。私なりの試論はありますが、非常に長くなるのでここでは控えておきましょう。いずれにせよ、用語的には「労働力」に統一されていき、この用語法が『資本論』でも踏襲されるわけです。

では、中期マルクスにも受け継がれていた種々の理論的限界についてはどうでしょうか？　これらもまた、この後期段階では基本的に克服されています。

「賃金の最低限説」の克服

まず「賃金の最低限説」ですが、『賃金・価格・利潤』を読めばわかるように、賃金は、労働力を再生産するのに社会的・平均的に必要な労働で決まるとされ、この平均的な水準には、文化的、社会的、歴史的要素が深く関わっているとされています。

「賃金の最低限説」だと、おおむね肉体的最低限というイメージでとらえられやすく、それだと賃金水準にほとんど幅がなくなってしまい、一本の線でとらえられてしまいます。ところが、賃金水準が平均値で理解され、そこに文化的、社会的、歴史的要素が導入されるならば、賃金はもはや一本の線ではなく、歴史的に一定の幅を持った帯状のものとして把握されます。

賃金というものを、それ以上下げることのできない一本の線として理解すると、理論的には非常に単純化され、法則還元主義的な理論体系を構築することが容易になります。マルクスも当初はこのような理論的前提を受け入れていたのですが、やがてそうした水準を克服して、賃金を一定の幅を持った社会的存在としてリアルに認識するようになりました。これは、賃金を規定する法則性を否定するものではなくて、そのような客観的法則性を受容しつつも、その法則の作用には一定の幅があり、主体的な階級闘争に影響されて一定の伸縮性を有しているということです。機械的な決定論から、いわば「幅を持った柔軟な決定論」へと移行するわけです。

このように賃金が一定の幅を持って存在するとすると、当然、労働組合による賃上げ闘争には大いに意味があることになります。もし賃金が客観的法則によって機械的に一義的水準へと、一本の線へと収斂するのであれば、それを一時的に上げても下げてもあまり意味がないことになりますが、賃金が一定の幅を持って存在するのであれば、賃上げ闘争を通じて、この幅の上の方で平均賃金が決まるのか、下の方で決まるのかで、大きく労働者の地位や賃金水準が変わってきます。

たしかに、資本の蓄積運動を通じて、賃金の全体的水準がしだいに下がっていくという立場は、前期から後期に至るまでマルクスに一貫して存在しているのですが、前期段階では、最初から最低水準だった賃金が、さらにもっと低いぎりぎりの最低水準へと下がっていくというものでした。もしそうだとすれば、いずれ労働者階級は生きていけなくなるか、さもなくば革命に立ち上がるかという二者択一を迫られるという議論になります。ここから、非常に性急な、近いうちに革命が起こるという機械的な革命論へと結びついていくわけです。

ところが、後期段階になりますと、賃金は一定の幅を持った水準で決まりますから、労働者の側は賃金闘争をやりながら、労働者の組織化をしだいに進めていって、やがて資本主義を転覆する力量を高めていくという構想に変わっていきます。いわば機動戦的な革命論から陣地戦的な革命論へと、革命論そのものも変わっていくわけです。ここでも、マルクスのグランドパラダイムを構成する諸要素が「共進化」関係にあることがわかります。

「労働日」問題の確立

同じことは労働日についても言えます。労働日もその最大限で一義的に決まっているのではなくて（「要綱」ではおおむねそういう立場でした）、一定の幅を持って存在しています。したがって、労働者の階級闘争を通じて労働日を短縮させることができるし、社会的な圧力を通じて労働日を制限する法律を制定することで、標準労働日を確立することもできるということになります。それによって獲得された一定の自由時間は、労働者自身の文化的・社会的発達のために用いられるし、資本主義を最終的に転覆するための労働者自身の自主活動や組織化のためにも用いることができます。つまり「陣地戦」のための時間的余地が獲得されるわけです。

この「労働日」問題の解決を通じて、マルクスは、労働日を最初から一定と前提していた「リカードのドグマ」をも理論的に克服していきます。これはすでに一八六一～六三年草稿で明確になされており、その中でマルクスは、リカードが労働日を一定と前提していたことを何度も繰り返し批判しています。とくに先ほど紹介した「一〇〇万人の労働者がつくり出す価値量は一定である」とするリカードの命題を何度も取り上げて、その命題を批判しています。

理論と実践との有機的統合

こうして、この「労働日」問題の転換や「賃金の最低限説」の克服を通じて、経済学の原理論に階級闘争が有機的に組み込まれるようになります。先ほど前期マルクスでは法則還元主義的なリカード的議論だったと言いましたが、リカードこそ、経済学の領域から経済学的ではない（と思われる）諸要素をできるだけ排除して、客観的・法則的に決まる理論経済学の世界を最初に確立した人物です。その後、（ブルジョア）経済学は基本的にこのような法則決定論的な抽象的世界をますます精緻化していく方向へと発展していきました。

リカード以前の経済学というのは、基本的に政策論的なものでした。どういう政策を取れば最も国を富ませることができ国を強くすることができるのかという政治的議論の一環として経済が取り上げられていました。そこへリカードがやってきて、客観的法則でもって決定される経済学の世界を初めて体系的に描き出したわけです。たしかに、経済社会を自然秩序にもとづくものとする啓蒙的見方そのものは、ケネー以来見られるものでしたが、リカードはそうした観念を一個の経済学体系にまで引き上げたのです。

もちろん、だからといってリカードは、政策的側面を無視したというのではありません。彼は国会議員になったり、当時における政治的焦点の一つであった穀物法の有害性を唱えて、その撤廃運動の先頭に立って政治に積極的に関与しました。しかしその理論そのものに関しては、非常に純粋に法則決定的な経済学を構築しています。そして、国が穀物法を作って穀物の輸入を制限しても、それは経済法則に反しており、社会の自然なあり方を歪めるものでしかない、と主張しました。いわば、そうした政治的な結論を引き出すための一つの理論的武器として、客観的・法則的に決定された経済学を構築したとも言えます。

マルクスも当初、このような法則還元主義的な経済像に魅了され、またそれが前期における彼のかなり機械的な史的唯物論と非常に親和的でしたので、それを受け入れていましたが、やがてそれを克服していきます。史的唯物論それ自体も、それに応じてより柔軟なものへと変わっていきます（ここでも共進化！）。もちろん、いっさいが階級闘争や社会的力関係で決まるという議論（逆の極論）になったわけではなくて、基本的に全体として資本主義経済は法則的に決まっているのだけれど、その法則性そのものが機械的・直線的なものではなくて、一定の幅と弾力性を持って存在している。したがって、その法則性がどのような水準で、どのような形で具体化されるのかは、生きた階級闘争によって決定される、ということです。

このようにマルクスは、階級闘争というものを経済理論そのもののうちに有機的に統合しました。これが『資本論』の非常に重要な点であり、また「要綱」と『資本論』とを分かつ一つの指標でもあります。だから、経済原論の著作のうちに「労働日」と題された長い章が存在しているのは、それ以前の経済学にも、それ以降の経済学にもない、マルクスの経済理論の重要な特徴なのです。ちなみにその意味では、このような「不純」な要素をマルクスの経済学から排除して純粋な経済原論の体系を作ろうとした宇野理論は、マルクス経済学の発展ではなくて退歩でしかなかったということを一言言っておきます。

おわりに——古典から現代へ

しかし、マルクスの理論が機械的な決定論から一定の幅と弾力性を持った決定論ないし半決定論へと移行したからといって、その移行が十分だったかというと、私はそうは思いません。「賃金の最低限論」と「労働日」問題などで大きな飛躍があったけれども、その他の問題では必ずしも決定論的な側面は克服しえていないと思います。最後にこの点を述べて、古典を現代に生かす道について考えたいと思います。

法定最低賃金の問題

その典型的な一例として挙げることができるのは、マルクスがどうやら法定最低賃金制に反対していたことです。すでに述べたように、マルクスが指導していた第一インターナショナルは、八時間労働制を法定標準労働日とすることを重要な目標に掲げていました。ところが、マルクスの文献の中には、最低賃金を法律で決定することについて肯定しているものが一つもありません。

それどころか、本人の言ではありませんが、マルクスの娘の一人ジェニー（イェニー）が「パパは法定最低賃金制に反対していた」という趣旨のことを手紙に書いています（邦訳『マルクス・エンゲルス全集』第三四巻、大月書店、四四七〜四四八頁）。彼女がなんでこんなことを書いたかというと、フランス労働党の綱領に法定最低賃金の要求が入っていることに対してマルクスは反対だったということを指摘するために、そういうことを言っているのです。ではなぜマルクスが反対したのか、その理由は明確にはわかりませんが、その手紙によると、法律で最低賃金額が規定されると、実際の賃金水準がそこに張りついてしまって、事実上、それが最高賃金になってしまうからだ、というもののようです。もしそのように考えていたというのが事実だとすると、やはり法則還元主義的な面がマルクスの中にまだ残っていて、階級闘争を通じて実際の賃金水準を法定最低賃金より上にする可能性を否定していたということになります。

その後の歴史を見れば、法定最低賃金はけっして事実上の最高賃金にはならなかったし、平均賃金の水準は少なくとも先進国では法定最低賃金を大幅に上回っています。そして、実践的にも法定最低賃金がいかに重要であるかは、われわれが日本の経験を通じて知っているとおりです。日本の賃金水準が非常に低い理由の一つは、法定最低賃金の水準が異常に低いからです。主要な先進国の平均レベルでは時給一〇〇〇円〜一二〇〇円程度ですが、日本は全国平均で八〇〇円程度です。

児童労働の問題

もう一つの問題として、児童労働の問題を挙げることができます。マルクスは最後まで、児童労働の全面的な法的禁止に反対していました。彼はそれを厳しく制限することに課題を限定しました。これは証拠がはっきりと残っていて、先に紹介した「指針」にも出てきますし、何よりもあの有名な『ゴータ綱領批判』に出てきます。ゴータ綱領の草案が児童労働の禁止を掲げていたのに対して、マルクスは、児童労働がないと大工業は成り立たない、したがって児童労働を禁止するのは不可能だし、またたとえ可能だとしても、それは反動的である、なぜなら子どものころから生産と教育とを結合することは労働者の知的発展にとって必要だからであり、一定の厳格な規制のもとでとはいえ児童労働は認められるべきだ、と言っています。

まず、大工業と児童労働禁止とが両立しないという命題は、明らかに間違っていました。その後、実際に先進国で児童労働が禁止ないし大幅に制限されていきましたが、大工業は破滅するどころか、むしろマルクスの時代以上に飛躍的な発展を遂げました。つまり児童労働はけっして大工業の存立条件ではなかったということです。児童労働なしには大工業は成り立たないという命題は、当時における児童労働の異常な蔓延という時代的状況を反映しているとともに、法則還元主義的な決定論がなおマルクスの中に残存していた結果だったと思われます。

また、たしかに生産と教育とを合理的に結合することには一定の意味があるでしょうが、そのようなことは資本家の工場の中ではどだい無理な話であって、この結合の必要性を理由に児童労働の禁止に反対することは説得力を持ちません。

古典そのものの発展を

このように、晩年のマルクスにおいても、前期段階から見られた限界のすべてが完全に克服されたわけではないことがわかります。しかしながら、古典を学ぶ上で重要なことは、マルクスの周辺的な個々の命題の是非ではなくて、マルクスの理論の核心をつかむことであり、また、前期から後期にかけてなされたマルクスの理論的発展の方向性そのものを見きわめ、その方向性に基づいてマルクスの理論そのものをいっそう発展させることです。

現代において古典を生かすということは、個々の命題を金科玉条にすることではなくて、マルクスが初期、前期、中期、後期、そして晩期にかけてたどった発展過程、その方向性を正しく理解し、マルクスの理論的・時代的制約をこの方向性に沿って克服していくことです。そうした観点から古典を学ぶことで、本当に古典を現代に生かすことができるのではないかと思います。

（二〇一四年一〇月）

第6章

マルクスの『資本論』とエンゲルスの『イギリスにおける労働者階級の状態』

本稿はもともと、本書の第2章の「『資本論』から読み解く危機と失業」に対する「補論」として書かれたものである。それゆえ最初は『資本論』の相対的過剰人口論へのエンゲルスの理論的貢献というテーマに絞られていた。しかし、書いているうちに、いつものようにどんどん長くなってしまい、とうてい「補論」の枠に収まらなくなってしまい、結局、独立の章としたしだいである。

この拡張の中で、当初は触れるつもりのなかった『資本論』形成史における同書の役割や、労働日論や都市論への貢献についてもそれなりに論じることになったので、表題を最終的に「マルクスの『資本論』とエンゲルスの『イギリスにおける労働者階級の状態』」とした。

マルクス研究の世界ではこの数十年来、マルクスを高く評価しながらエンゲルスを過小評価する傾向が顕著に見られる。昨今のマルクス再ブームにおいてさえエンゲルスは忘れられたままであり、むしろ、マルクス主義のスターリニスト的俗流化の起源はエンゲルスにあるとしたり顔で指摘するのが一部の知識人の流行になっている。最近翻訳が出されたエンゲルス伝の著者は、「エンゲルスは二〇世紀におけるマルクス・レーニン主義の恐るべき行きすぎの責任を押しつけられ」、近年ますます「倫理的で人道主義的なマルクスを機械的で科学を崇拝するエンゲルスから引き離す」傾向が顕著になっていると指摘している（トリストラム・ハント『エンゲルス――マルクスに将軍と呼ばれた男』筑摩書房、二〇一六年、一三頁）。

本稿は、こうした風潮に抗して、『資本論』に対する若きエンゲルスの主著『イギリスにおける労働者階級の状態』（一八四五年）[1]の理論的貢献（単に実証面だけでなく）、とりわけ『資本論』の労働日論や都市論や相対的過剰人口論への貢献について明らかにすることで、エンゲルスの名誉回復を多少なりともはかり、またそれを通じて『資本論』の理解を深めることを目的としている。

1、『イギリスにおける労働者階級の状態』の意義

マルクスはいろいろな意味でエンゲルスのこの若き日の大著に負っている。まずもってエンゲルスは、以下の手紙が示すように、この著作の出版で得たお金をさっそくマルクスのために「用立てている」。当時マルクスは、研究と活動のために滞在中であったフランスから国外追放の処分を受けて、ベルギーのブリュッセルに避難する羽目になっていたからだ。

それから、君がブリュッセルに住居を定めるためにこれで足りるかどうかもわからないので、当然のことながら、僕の最初のイギリスもの〔『イギリスにおける労働者階級の状態』〕の原稿料は喜んで君に用立てよう。それは近いうちに少なくとも一部分は支払ってくれると思うし、僕にはおやじが仕送りしてくれるにちがいないのだから、差し当たりはなくてもよいのだ。（「一八四五年二月二二〜二六日付けエンゲルスからマルクスへの手紙」、邦訳『マルクス・エンゲルス全集』第二七巻、大月書店、一九頁）

第一の物〔『イギリスにおける労働者階級の状態』〕は今週ヴィーガントに送った。そして、彼とは原稿受領と同時に一〇〇ターレル支払ってくれるように約束してあるので、八日～一二日のうちには金を受け取って君に送ることができると思う。さしあたり、三月二六日にブリュッセル払いで一二二フラン二二サンティーム入れておく。(「一八四五年三月一七日付けエンゲルスからマルクスへの手紙」、同前、二三三頁)

これはエンゲルスがマルクスにお金を用立てした最初の事例かもしれない。このような「用立て」がまさかその後何十年も、基本的にはマルクスの生涯の最後まで続くことになろうとは、さすがのエンゲルスもこの時は思わなかったであろう。

もちろんこのような世俗的な意味においてだけでなく、若きエンゲルスによるこの著作はイギリスにおける労働者階級の状態を共産主義(あるいはそう言ってよければ「科学的社会主義」)の立場からはじめて詳細に分析したものであり、労働者階級を単なる救済の対象とするのではなく、自分自身を解放し社会を変革する主体として設定し、資本主義の発展がそのための条件を準備するとみなしている。史的唯物論の定式化は『ドイツ・イデオロギー』によって成立したと一般にみなされているが、結局は出版されなかったこの理論的草稿以上に、『イギリスにおける労働者階級の状態』が史的唯物論の確立に果たした貢献は大きかった。

また政府機関の報告書という一次資料や資本の代弁者の側の証言を縦横に用いて資本主義の実態を告発するという手法を確立したのもこの著作である。周知のようにマルクスは『資本論』においてこの手法をエンゲルスから受け継ぎ、それを完成させている。

またエンゲルスは単に政府資料を用いただけでなく、恋人のメアリー・バーンズ（アイルランド出身の女性労働者）に案内されて実際にロンドンやマンチェスターなどの大都市を歩き回り、つぶさに労働者の生活の実態を観察した上でこの作品を書いている。いわばこの作品はすぐれた社会主義的ルポルタージュにもなっており、この点は『資本論』にも見られない特徴である。

さらにエンゲルスはこの著作において労働者の住宅問題や都市問題についても詳細に展開しており、それは『資本論』の「資本主義的蓄積の一般的法則の例解」の項において労働者の住宅問題や都市問題についてマルクスが論じた際に最も重要な手がかりになっただけでなく、後の『住宅問題』と並んで、現代都市論やハーヴェイらによるマルクス主義的都市論の原型をもなしている。そこには、都市の中でモナド化される大衆という社会学的テーマだけでなく、都市と階級の問題に関するいくつもの先駆的な洞察が見られる。以下の部分はその一つである。

たとえ人口の集中が有産階級にはたらきかけ、彼らを刺激し、発展させるとしても、それは労働者の発展をさらにいっそう急速に推し進める。労働者は、自分たち全体を階級として自覚しはじめる。労働者は、自分たち一人ひとりは弱いけれども、いっしょになれば一つの力となることに気づく。ブルジョアジーからの分離、労働者とその社会的地位とに固有なものの見方や観念の形成が促進される。抑圧されているという意識が生まれてくる。そして労働者は、社会的および政治的重要性を獲得する。大都市は労働運動の生誕地である。大都市において、労働者ははじめて自分たちの状態について反省しはじめ、これと抗争しはじめた。大都市において、プロレタリアートとブルジョアジーとの対立がはじめて出現し、大都市から、労働者の団結やチャーティズムおよび社会主義が出発したのである。……もし大都市と、社会的知性の発達を促進するその影響とがなかったならば、労働者は今日彼らが置かれている状態にまでとうてい達することはなかったろう。（邦訳『マルクス・エンゲルス全集』第二巻、大月書店、三五四頁）

階級形成と運動の主体構築にあたっての都市の独自の役割に対するこの洞察の延長上に、トロツキーの都市ヘゲモニー論も、ルフェーヴルの都市革命論も、ハーヴェイの「都市の反乱」論も存在するのである。

この著作はまた、家庭の主婦の賃労働者化による家族の解体の悲劇について論じつつ（これだけにとどまるなら伝統的家族の擁護論とみなされてしまうだろう）、実はこれまでの伝統的家族（男性のみが稼得者である家族）こそ男性による女性の「非人間的な」支配に基づいていたのではないかと、家父長制的家族の性差別性を逆照射している（同前、三七九頁）。『資本論』においてマルクスは、機械制大工業による古い家族の解体とその（男女平等的な）再生の可能性について論じているが、この立論は基本的にここでのエンゲルスの議論に基づいている。エンゲルスは最初から明確な男女平等論者であり、その点に関して彼はフーリエの忠実な弟子であった。これは、同時代人のプルードンが露骨な性差別主義者であったのと実に対照的であり、またその女性観にいささか貴族的ロマン主義の傾向があったマルクスとも区別される。

さらに、エンゲルスはこの著作において「社会的殺人」という言葉を用いて、資本主義社会がもたらす貧困、長時間労働、不衛生な居住環境や職場環境、そこから生じる種々の病気や労働災害、等々による無数の強制的死を鋭く告発している（同前、三二〇頁以下）。これは、今日でも多くの第三世界において労働者やアンダークラスが置かれている現状と酷似しているし、先進国の中でも飛びぬけて自殺や過労死が多い今日の日本でもリアルに響く。

また、この著作が、賃金の決定因として文化的・歴史的要素を重視し、当時にあってはマルクスも陥っていた「賃金の最低限」説を採らず、最低限よりもやや高いところに位置する「賃金の平均」説を採っていたこと（同前、三〇九〜三一〇頁）も重要である[2]。マルクスがこの立場に立つのはようやく、『賃金・価格・利潤』以降の後期段階においてである。

その他にも、この短い章では論じきれない無数の優れた洞察がそこには散りばめられている[3]。そして、本稿の主題である『資本論』の労働日論や相対的過剰人口論に直接影響を与えた一連の叙述もそこには含まれる。このような重層的で卓越した著作がわずか二四歳の青年によってたった半年で書かれたとは本当に驚きである。早熟の天才とはまさにこういう人物のことを言うのだろう。

もちろん同書には、後年エンゲルス自身も認めているさまざまな理論的未熟さは言うまでもなく（労働価値論の不在から恐慌の五年周期説や革命切迫論に至るまでのもろもろ）、実証的な面でも種々の事実誤認や典拠の不正確さなども散見され、そのことが後世の研究者から指摘されてもいるのだが[4]、それにもかかわらず全体としてのこの著作の比類のなさは否定しがたい。エンゲルスのこの著作がなかったら、マルクスの『資本論』もなかっただろう。エンゲルスが打ち立てたこのモンブラン級の作品があったからこそ、マルクスはそれをも乗り越えるさらなる高みを目指して『資本論』という歴史的著作を書き上げるのである。

2、『資本論』形成史における『労働者階級の状態』

マルクスはそのライフワークであった『資本論』の準備過程においてエンゲルスのこの著作を読み直し、それに理論的刺激を受けて、自己のプランをしだいに拡張していき、やがて『資本論』へと結実させるに至る。このことは、マルクスがエンゲルスに当てた一連の手紙に示されている。

「要綱」から一八六一～六三年草稿へ

まずもって決定的に重要なのは、一八六〇年一月の手紙で、マルクスが『イギリスにおける労働者階級の状態』を「もう一度通読」したと伝えていることである。

『工場監督官報告書』(「一八五五年」から「一八五九年上半期」まで)によれば、イギリスの産業が一八五〇年以来まるで作り話のように発達した、ということは明らかだ。労働者(成人)の健康状態は、君の『労働者階級の状態』(これを僕はここの大英博物館でもう一度通読した)が出たとき以来改善されてきたが、子供のそれ(死亡率)は悪化してきた。(「一八六〇年一月のマ

ルクスからエンゲルスへの手紙」、邦訳『マルクス・エンゲルス全集』第三〇巻、七頁）

一八六〇年一月というこの手紙の時期に注目したい。一八六〇年と言えば、一八五七〜五八年にいわゆる「経済学批判要綱」という最初の『資本論』草稿を書いてから、一八五九年にその中の商品・貨幣論を本格的に仕上げた『経済学批判』を出版した翌年にあたる。マルクスは、商品・貨幣論を仕上げた後に、一八六〇年の『フォークト君』執筆による中断を挟んで、一八六一年から本格的に「資本の章」を書きはじめるのだが（一八六一〜六三年草稿）、その執筆に先立って、その手がかりの一つとして、エンゲルスの著作を本格的に読み直したのだろう。すでに本書のこれまでの諸章で、「労働日」（およびそれをめぐる階級的攻防）が固有の問題として把握されていなかった「経済学批判要綱」（商品・貨幣論に特化している『経済学批判』は言うまでもなく）から、そうした議論がかなり取り入れられている「一八六一〜六三年草稿」へとマルクスのプランが拡張・発展していったことについて何度も触れてきたが、この画期的な理論的発展において、この時期にエンゲルスの著作を読み返したことが直接影響を及ぼしていると見て間違いないだろう。

ところで、この手紙はよく知られており、マルクスの『資本論』に与えたエンゲルスの影響について論じる人々は、たいていこの手紙から議論を始める。だが、自明のことながらあまり指摘されないのは、マルクスが、この手紙以前には一度も論文の中でも手紙の中でもこの著作に触れていないことである。おそらく、マルクスはこの時期に「もう一度通読」するまで読み返すことはなかったのだろう。そして最初に読んだときにはあまり強い印象を与えなかった可能性がある。

マルクス自身の経済学的理解と理論が十分に発展したからこそ、エンゲルスの著作の持つ真の価値と意義とが認識されるようになったのである。そして、この「通読」以降、マルクスのプランも叙述も大きく変化し、あの理論的にも実証的にも分厚い『資本論』へと結実する道を突き進むことになる。もしマルクスが「通読」しないままますごしたとしたら、かなり抽象的でヘーゲル主義的な「要綱」の方向のまま発展していたかもしれない。その意味で、今日の形での『資本論』は何よりもエンゲルスの著作に負っているのである(5)。

ちなみにマルクスは、「通読」以前には一度もエンゲルスの著作には触れていなかったにもかかわらず、この手紙の直後に書いた『フォークト君』においては、エンゲルスのこの著作にきわめて肯定的な形で触れている。その内容は実に興味深い。マルクスは近代ブルジョア社会における史的唯物論の基本的な観点を説明した上で、エンゲルスがすでに一八四五年の『労働者階級の状態』でこれと同様の見解を述べていると指摘している。

「ブルジョアとプロレタリア」と題する『宣言』の第一章……では、ブルジョアジーの経済的支配、それゆえにまたさまざまな形態におけるブルジョアジーの政治的支配が近代的プロレタリアートの存立の根本条件であるとともに、「その解放の物質的条件」をつくり出すための根本条件でもあることが、詳しく展開されている。「近代的プロレタリアートの発達は」(『新ライン新聞評論』一八五〇年一月号、一五ページを見よ)「一般に産業ブルジョアジーの発達によって制約されている。産業ブルジョアジーの支配のもとで近代的プロレタリアートははじめて、自己の革命を国民的革命へと高めることのできる広大な国民的存在となり、はじめて自ら近代的生産手段をつくり出すが、この生産手段はそのまま彼らの革命的解放の手段となる。産業ブルジョアジーの支配がはじめて、封建社会の物質的な根を引き抜き、プロレタリア革命を遂行することを可能とする基盤を据えるのである」。……エンゲルスはすでに一八四五年にその『イギリスにおける労働者階級の状態』においていて同様の見解を展開していた。(邦訳『マルクス・エンゲルス全集』第一四巻、四三二頁)

マルクスはこのときの「通読」によって、『資本論』へとやがて結実するさまざまな論点や手法を発見しただけでなく、史的唯物論の最初の定式化をも「再発見」したのである。

マルクスはその三年後、一八六一〜六三年草稿の最終段階の時期にもこの著作のことをエンゲルスに手紙で語っている。

ところで、君の本〔『イギリスにおける労働者階級の状態』〕の中の主要な記述について言えば、それは微細な点に至るまでその後の一八四四年以降の発展によって実証されてきている。というのは、僕はその本とそれ以後の時期についての僕の覚え書とをもう一度自分で比べてみたからだ。……

君の本を読み返してみて、僕はしみじみと老年を感じさせられた。今なおこの本の中では、なんと新鮮に、熱情的に、大胆に先取りして、学者的で学問的な狐疑逡巡なしに、事物がとらえられていることだろう！　そして、明日かあさってにはその成果が歴史的にも一躍現われ出るだろうという幻想さえもが、全体に暖かさや陽気なユーモアを与えている。それに比べれば後年の「灰色一色」は恐ろしく不愉快な対照をなしている。（「一八六三年四月九日付けマルクスからエンゲルスへの手紙」、邦訳『マルクス・エンゲルス全集』第三〇巻、二七四～二七五頁）

この手紙もよく知られているが、この手紙から察するに、おそらくマルクスは、一八六一～六三年草稿を執筆する途中でも何度かエンゲルスの著作を（部分的にか全体的に）読み返し参考にしたのだろう。そして読み返すごとにその内容の豊かさに感嘆の度合いを深めていき、またそれに沿って自分の「経済学批判」の体系を進化させていき、より具体的で、より現実的なものに仕上げていったのではないだろうか？　さらにその四カ月後にも、マルクスの手紙にこの著作のことが出てくる。

ところで、イギリスに関する君の本以来こんどやっと第二回目の『児童労働調査委員会報告書』が出た。これは、工場法によっていくつかの産業部面から駆逐されたあらゆる残虐行為が新たな狂暴さで自由な領域に突進してきたということを示している。この報告書が完全に公刊されしだい、君の本へのすばらしい付録ができるだろう。（「一八六三年八月一五日付けマルクスからエンゲルスへの手紙」、邦訳『マルクス・エンゲルス全集』第三〇巻、二九五頁）

ここで触れられている新しい『児童労働調査委員会報告書』は実際に『資本論』で縦横に資料として用いられており、それとの関連でエンゲルスのこの著作にも言及されている(全集版『資本論』第一巻、大月書店、五八二頁)。

一八六一〜六三年草稿から『資本論』へ

マルクスは『資本論』の最終原稿を執筆している最中にも同書に手紙で触れている。以下のエンゲルスへの手紙は非常に有名なので、すでに読んだ人も多いことだろう。

本来の理論的な部分では先に進むことはできなかった。そうするのには頭脳が衰えすぎていたのだ。そのため「労働日」に関する篇を歴史的に拡大したのだが、これは僕の最初のプランにはなかったことだ。今度僕が「挿入したもの」は、君の本〔『イギリスにおける労働者階級の状態』〕への一八六五年までの補足(スケッチ的)になっており(そのことは注のなかでも言ってある)、また将来のことに関する君の判断と現実との相違の十分な弁明にもなっている。だから、僕の本が出さえすれば、君の本の第二版が必要にもなるし、同時に出版しやすくもなる。理論的に必要なことは僕が書こう。その後の歴史的な補遺は、君が君の本の付録として書くべきものだが、これについては、『工場監督官報告書』と『児童労働調査委員会報告書』と『公衆衛生報告書』の他はどの資料もまったくの屑で科学的には使いものにならない。この資料を使いこなすことは、ヨウに侵されていない君の労働力をもってすれば、三カ月で容易に完了するだろう。(「一八六六年二月一〇日付けマルクスからエンゲルスへの手紙」、邦訳『マルクス・エンゲルス全集』第三一巻、一四五～一四六頁)

後でも一例を紹介するように、エンゲルスの著作には労働時間の無制限の延長が労働者にもたらす過酷な結果について各所で熱心に語られている。一八六〇年一月に読み返す以前の「要綱」には労働日問題がほとんど存在せず、読み返した直後の一八六一～六三年草稿ではこの問題がかなり取り入れられ、そして、マルクスは『資本論』最終原稿の「労働日」の部分を書いているときに、改めてエンゲルスの著作に触れながら、いっそうその内容を拡充したわけである。いかに『資本論』の「労働日」論がエンゲルスの著作の直接的影響のもとで形成され発展していったがわかるだろう。

新版の要望

ところで、この手紙でマルクスはエンゲルスの著作の「第二版」に触れているが、マルクスはこの新版をよっぽどエンゲルスに書かせたかったようで、時には嘘をついてまでエンゲルスに新版を書くよう仕向けている。その顛末については、『資本論』の校正が終わる頃に書かれたクーゲルマンへの手紙で知ることができる。

エンゲルスは今デンマークにいて、今月中に一日あなたを訪問するでしょう。このエンゲルスについてご記憶のことと思いますが、メンケ（あるいは他の名前だったかもしれませんが、あなたのハノーファーの統計局にいる人物です）がドゥンカーから出た私の著作を非常にほめているというお話でした。私はエンゲルスにこのことをまげて話して、メンケが私にむかってエンゲルスの『労働者階級の状態』を非常にほめたかのように言ってしまったのです。この聖なるごまかしの動機（この同じ目的のために私はいろいろとごまかしをしてきたのですが）は、エンゲルスをけしかけて、この書物の第二巻として一八四五年から現在までの時期について書かせ出版させることだったのです。これは結局うまくいって、彼はそれに着手すると約束しました。ですから、話がたまたまこの統計家のことに及んでも、口をすべらせないようにしてください。（「一八六七年七月一三日付けマルクスからクーゲルマンへの手紙」、邦訳『マルクス・エンゲルス全集』第三一巻、四五八〜一四五九頁）

マルクスのこのような「策謀」にもかかわらず、またここで報告されている「約束」にもかかわらず、結局、エンゲルスはこの著作の新版も「第二巻」も書かなかった。一八六三年のある手紙の中でエンゲルスは、当分は新版を出さない理由としてイギリスの労働者階級が保守化したことを挙げているが（「一八六三年四月八日付けエンゲルスからマルクスへの手紙」、邦訳『マルクス・エンゲルス全集』第三〇巻、二七一頁）、その点は別にしても、一八四五年以来イギリス資本主義はその相貌を大きく変えたのであり（その間に一八四七年の穀物法廃止があり、一八四八年のヨーロッパ革命があり、一八六〇年代には新しい大規模な労働者運動が起こり、労働者の状態のかなりの改善もあった）、新しい資料を追加するだけではとうてい間に合わないと考えたのであろう。そしてそれは正しい。それに、その後、『資本論』という、『労働者階級の状態』を（そのすべてではないにせよ）理論的にも実証的にも大きく凌駕する著作が出されたというのに、どうしてそれの新版や「第二巻」をわざわざ出す必要があるだろうか？

結局、エンゲルスは一八六三年の手紙から二十年以上も経ってからようやく、アメリカ向けの英訳版という形で同書を再刊することにし、さらにその五年後にようやくドイツ語版の「新版」を出すことにした。しかしこれはマルクスが期待したような新しい資料で拡張された真の「新版」ではなく、新しい序文と最低限の補注を加えただけのものであった。

3、『資本論』における『労働者階級の状態』

さて、マルクスはエンゲルスへの手紙で予告したとおり、その『資本論』の中で繰り返しエンゲルスのこの著作に触れている。とりわけ、「労働日」の章と「機械と大工業」の章においてである。

「労働日」論における『労働者階級の状態』

最初にエンゲルスのこの著作に言及されるのは、「労働日」の章においてである。その注48の中で、マルクスは次のように述べている（全集版から引用するが、初版でも基本的に同じである）。

イギリスにおける大工業の発端から一八四五年までの時期にはところどころで言及するだ

けにして、この時期についてはフリードリヒ・エンゲルスの『イギリスにおける労働者階級の状態』、ライプツィヒ、一八四五年の参照を読者に勧めておく。エンゲルスが資本主義的生産様式の精神をどんなに深くつかんでいたかは、一八四五年以来公刊されている工場報告書や鉱山報告書などが示している。また彼が事態の詳細をどんなに感嘆に値するやり方で描いたかは、彼の著書と一八年ないし二〇年後に公表された「児童労働調査委員会」の公式の報告書(一八六三〜一八六七年)とをほんの上っ面だけ比較してみただけでもよくわかる。すなわち、これらの報告書は、工場立法が一八六二年まではまだ実施されていなかったし部分的には今なお実施されていない産業部門を取り扱っており、それゆえ、これらの部門では、エンゲルスの記述した状態に対して多少とも大きな変更が外から加えられたことはなかったのである。私の例示は主に一八四八年以降の自由貿易時代から借りてくることにする。(全集版『資本論』第一巻、大月書店、三一一〜三一二頁)

このようにマルクスはエンゲルスのこの著作に最初に触れるときに、「エンゲルスが資本主義的生産様式の精神をどんなに深くつかんでいたか」と書き、「また彼が事態の詳細をどんなに感嘆に値するやり方で描いたか」とまさに「感嘆」を込めて書いている。ところで、ここであえて触れられている「資本主義的生産様式の精神」とは何だろうか? もちろん、一般的には剰余価値のあくなき追求をめざす「精神」に他ならないが、この注が「労働日」章にあることを考えれば、とくにマルクスが言いたかったのは、労働時間の無制限の延長を通じて剰余労働を労働者から（成人男性だけでなく女性や子供からさえも）最後の一滴まで搾り取ろうとする「精神」、労働者の健康も生命も社会の持続可能性も省みない「わが亡き後に洪水は来たれ」という精神のことであろう。すでに述べたように、マルクスが労働日問題に本格的に取り組み始めるのは、エンゲルスの著作を読み返した後の一八六一～六三年草稿においてであった。「エンゲルスが資本主義的生産様式の精神をどんなに深くつかんでいたか」と書いたとき、マルクスはこの「労働日」章の全体が、単に実証的な意味だけでなく、理論的な意味においても、つまりは資本主義的生産様式の最深部における運動メカニズムの解明という意味でも、エンゲルスの著作に負っていることを読者に伝えようとしたのではないだろうか。

それ以降、マルクスは、イギリスにおける長時間労働の実態、とくに子供や女性の状態について触れる際に、しばしば注の中でエンゲルスのこの著作に触れている。とくに、かの有名な、宮廷用婦人服を製造する工場で過度労働ゆえに死亡したメアリー・アン・ウォークリーの物語について紹介する中で、「何度も語られた古い話が今また新たに発見された」として、エンゲルスの著作を注で挙げている（全集版『資本論』第一巻、三三一～三三二頁）。そこで、注で言及された箇所でエンゲルスが実際に何を述べていたかについて、少し長くなるが紹介しておこう。

ブルジョアジーの貴婦人たちを飾りたてるのに役立つような品物の製造こそ、他ならぬこの製造に従事する労働者たちの健康に対して、悲惨このうえもない結果を伴うということは特徴的なことである。われわれは、このようなことを、先にレース製造業のところですでに見たが、今回はロンドンの婦人装身具店をこのことの証明としよう。これらの商店はたくさんの若い娘を雇っている。全部で一万五〇〇〇人もの娘がいると言われている。彼女たちは、これらの商店に住みこんで食事をし、たいてい田舎から出てきているので、完全に雇い主の奴隷である。一年に約四カ月つづく社交シーズンのあいだは、最も条件のよい商店でさえ、労働時間は毎日一五時間であり、緊急の仕事があるときには一八時間にもなる。けれども、たいていの店では、この期間中はまるではっきりした時間の決まりなしに働かされる。そこで娘たちは、休息と睡眠にあてられる時間としては、二四時間のうち六時間以上ありつくことなどまったくなく、しばしば三時間か四時間しかない。それどころか時にはほんの二時間しかないこともあり、一九時間ないし二二時間も働かされる。それも、彼女たちが徹夜で働く必要のない場合のことであって、徹夜の労働もしょっちゅうあるのだ！ 彼女たちの労働に置かれているただ一つの限界といえば、これ以上はただの一分間でも針を動かすのが絶対的・肉体的に不可能となる、ということである。これらの救いようもない生き物たちが、九日間ものあいだつづけさまに衣服も着替えずに、わずかに機会のあるたびにときどき敷き蒲団の上で、ほんのつかのまの休息しかとれないような場合や、食物をできるだけ短い時間に飲み込めるように細かく刻んで、これらの生き物にあてがうような場合もある。簡単に言えば、これらの不幸な娘たちは、社会的な奴隷鞭――首切りの脅威――によって、頑健な成年男子にさえ耐えられないような、まして一四歳ないし二〇歳のかよわい娘たちにはなおさら耐えられないような、絶え間なく続く労働をさせられているのである。……目は、多くの場合ひどくそこなわれるので、不治の盲目、眼球組織の全面的な破壊が起こる。そして視力が、仕事を続けられる程度に運よく残ったとしても、肺結核がこれらの婦人装身具製造女工の短くもいたましい生涯にとどめをさすのが普通である。この仕事をかなり早くにやめた女工たちの場合でさえ、身体の健康は永久に破壊されてしまい、体力も衰弱してしまう。（邦訳『マルクス・エンゲルス全集』第二巻、四四三～四四四頁）

ブルジョアジーの貴婦人を飾りつけるための製品を生産するために過酷な長時間労働に追いやられる貧困層の女工たち。シーズンになると一五時間から一八時間の労働であり、徹夜の労働さえも頻繁に繰り返され、健康と生命さえも奪われる。この赤裸々な事実の指摘そのものが、資本主義に対する最大の告発となっている。日本の資本主義勃興期においても、生糸生産に従事していた若い女工たちは、けっして自分が身につけることのない絹製品の材料を紡ぐために過酷な長時間労働を強いられていた（山本薩夫監督の一九七九年の映画『あゝ野麦峠』でもそのコントラストが冒頭のシーンで描かれている）。この箇所をはじめ長時間労働に対するエンゲルスの情熱的な告発と実態暴露こそ、マルクスをして労働日問題の固有の重要性を認識せしめ、プランの変更を導いたものに他ならない。

「機械と大工業」における『労働者階級の状態』

「労働日」の章には他にもエンゲルスの著作に触れた箇所はあるが（全集版『資本論』第一巻、三一八、三五一頁）、エンゲルスの著作への言及が次に多いのは「機械と大工業」においてである。

女性労働や児童労働に対する搾取について論じる中で、マルクスは次のように述べている。

女性・児童労働の資本主義的搾取から生ずる精神的萎縮は、F・エンゲルスによってその『イギリスにおける労働者階級の状態』のなかで、またその他の著者たちによっても、余すところなく述べられているので、ここではただそれを指摘するだけにしておく。（全集版『資本論』第一巻、五二二頁）

また、単調で終わりのない機械労働の苦役について論じる中でマルクスは、二回続けてエンゲルスの著作に触れている。

工場では一つの死んでいる機構が労働者たちから独立して存在していて、彼らはこの機構に生きている付属物として合体されるのである。「同じ機械的な過程を絶えず繰り返す果てしない労働苦のたまらない単調さは、シシュフォスの苦痛にも似ている。労働の重荷は、シシュフォスの岩のように、疲れ果てた労働者の上に何度でも転がり落ちてくる」(186)。機械労働は神経系統を極度に疲らせると同時に、筋肉の多面的な働きを抑圧し、身心のいっさいの自由な活動を封じてしまう(187)。

(186) フリードリヒ・エンゲルス『イギリスにおける労働者階級の状態』、二一七ページ。（全集

版『資本論』第一巻、五五二、五五三頁)

(187)F・エンゲルス、同前、二一六ページ。(全集版『資本論』第一巻、五五二、五五四頁)エンゲルスの著作からの最も長い引用があるのは、工場内の兵営的規律について告発した箇所である。

(190)「ブルジョアジーがプロレタリアートを縛りつけている奴隷状態が工場制度ほどあからさまになっているところは他のどこにもない。そこでは法律上でも事実上でもいっさいの自由がなくなっている。労働者は朝の五時半には工場に行ってなければならない。もし彼が数分でも遅刻すれば罰を受け、もし一〇分遅刻すれば朝食がすむまで入れてもらえず、さらに一日の賃金の四分の一を失う。労働者は命令どおりに食ったり飲んだり眠ったりしなければならない。……専制の鐘が彼をベッドから呼び起こし、朝食の食卓から呼び立てる。では、ひとたび工場に入ればどうか? ここでは工場主が絶対的な立法者である。彼は思いのままに工場規則を制定する。好きなように彼の法典を書き変えたり書き加えたりする。そして、彼がどんなにばかげたことを書き入れても、裁判所は労働者に向かって言う、お前たちはこの契約を自由意志で結んだのだから、今となってはそれに従わなければならない、と。……これらの労働者たちは、九歳のときから死ぬまで精神的・肉体的な鞭のもとで生活するように運命づけられている」(フリードリヒ・エンゲルス『イギリスにおける労働者階級の状態』、一二七ページ以下)。(全集版『資本

論』第一巻、五五五頁。エンゲルスからの引用は、邦訳『マルクス・エンゲルス全集』第二巻、四一〇～四一二頁）

マルクスは引用していないが、少し後には、工場主が時計を始業時には一五分早め終業時には一五分遅くするというくだりもある（邦訳『マルクス・エンゲルス全集』第二巻、四一二～四一三頁）。ここで描かれている状況も、日本の明治大正期における女工たちの姿とまったく同じである。そして、「お前たちはこの契約を自由意志で結んだのだから」という口実にもとづく資本のあらゆる横暴の正当化は、今日の新自由主義の時代においても再び社会を席巻しつつある。

ここで引用されているエンゲルスの文章はもっとずっと長く、マルクスはかなり省略しているのだが、その省略されている部分にも重要な文言は多い。たとえば、工場主が好き勝手に作る就業規則を紹介したあとに、エンゲルスは次のように述べている。

人はこう言うであろう。このような厳格な規律は、軍隊の場合と同じように、ここではやむをえないのだ、と。なるほど、そうかもしれない。だが、こうした恥ずべき暴虐な行為なしには成り立たない社会秩序とはいったいどんな代物なのか？……

彼らはアメリカの黒人よりもひどい奴隷である。なぜなら、彼らは黒人以上に厳しく監視されているからである。それでもなお彼らは、人間らしく生活し、人間らしく物を考え、また感じるべきだとされているのだ！（同前、四一二頁）

この日本では今日でも、労働規律を理由に工場や企業内での深刻な人権侵害的な規則や慣行を労働者に押しつける事例は後を絶たない。ここでエンゲルスが告発していることは、ブラック企業をめぐる現代の先鋭な議論に直接つながっている。

蓄積論における『労働者階級の状態』

「機械と大工業」の章では他にもこの著作に触れた箇所があるのだが（全集版『資本論』第一巻、五八二頁）、最後に蓄積論を見ておこう。ここには三カ所、エンゲルスの著作への言及が存在している。

最初の箇所は機械による羊毛の紡績について触れた部分で（全集版『資本論』第一巻、七九〇〜七九一頁）、あえてエンゲルスの著作を持ち出す必要もないように思われる。だが二つ目の箇所は重要である。それは「資本主義的蓄積の一般法則の例解」の部分にあり、労働者の居住状況について詳細に触れる直前に位置している。この部分は初版『資本論』から引用しておこう。

資本主義的蓄積の諸法則を根本的に理解するためには、上記の過程（労働過程）の外部にある労働者の状態、彼の栄養状態および居住状況を一瞥しておく必要がある。本書の限界からして、私はここでは、とりわけ、ともに労働者階級の大多数を形成している工業労働者と農業労働者中の低賃金部分に注目することにしよう(107)。

(107) F・エンゲルスがやがて、イギリスの労働者階級の状態に関する彼の労作を、一八四四年以降の時期にまで広げるか、あるいは、最近の時期の叙述を別個の第二巻で刊行してくれることが望ましい。(『初版資本論』幻燈社、一九八三年、七四〇頁)

すでに述べたように、マルクスは、この「例解」の部分で、突如として労働者階級の居住状況の問題に詳細に触れ、事実上、都市問題についても論じている(全集版『資本論』第一巻、八五三頁以下)。その入り口に当たる部分で、わざわざエンゲルスの著作に触れ、その「第二巻」をリクエストしていることはもちろん偶然ではない。ヘーゲル的な論理必然的な展開や「芸術的全体性」にこだわっていたマルクスが、ここで唐突とも言えるような形で労働者の住宅問題や都市問題について詳細に論じているのは、この部分が何よりもエンゲルスの著作を引き継ぎ発展させることを企図した箇所であったからである。そしてエンゲルスの著作に触れることで、そのことが読者にも伝わるようにしたのである。

ところが、この注は現行版『資本論』には存在しない。この注は第二版にも存在し(『第二版資本論』幻燈社、一九八五年、七六二頁)、フランス語版『資本論』にも存在する(『フランス語版資本論』下、法政大学出版局、一九七九年、三三二頁)。ではなぜ現行版には見当たらないのか? 実を言うとこの注は、マルクスの死の直後に出された一八八三年の第三版で削除されたのである。したがって、エンゲルスの意思によって削除されたと考えるほかない。「第二巻」を出さない決断をすでにしていたことがその理由であろう。しかし、そのせいで、通常は現行版しか読まない今日の読者には、『資本論』のここでの記述が何よりもエンゲルスの著作にインスパイアされたものであることが伝わらなくなってしまった。

さて、第三の箇所は以下の部分である。

最近の二年間に、イギリスの新聞（『タイムズ』や『ペル・メル・ガゼット』など）があんなにもやかましく叫んだ受給貧民の取り扱い方の野蛮さはずっと古くからのことである。F・エンゲルスは、一八四四年にまったく同じ暴虐と、まったく同じ一時的な、偽善的な「きわもの文学」に属する叫びを確認している。（全集版『資本論』第一巻、八五三頁）

ここでは直接著作名は出されていないが、ここで言われているのがエンゲルスの『イギリスにおける労働者階級の状態』であることは間違いないだろう（『資本論』各版の編注でもそう指摘されている）。出版は一八四五年なのに「一八四四年」と書かれているのは、執筆時期が一八四四年だったからであろう。

このように、マルクスは『資本論』において一〇ヶ所以上にわたってエンゲルスの著作に言及し、最大限の賛辞を呈していることがわかる。そしてその「賛辞」がけっして単なるリップサービスではなく、とくに労働日論や都市論などにおいて、自分が何よりもエンゲルスの著作に負っていることを読者に伝えようとする意図から生じているのは明らかである。

4、マルクスの相対的過剰人口論と『労働者階級の状態』

しかし、このような明示的な言及は「資本の蓄積過程」論における相対的過剰人口論では何ゆえか姿を消す。この相対的過剰人口論は、労働日論や都市論と並んで、『資本論』へのエンゲルスの理論的貢献が決定的な箇所の一つであるにもかかわらず、である。

「産業予備軍」と「失業予備軍」

まずもって、マルクスはこの相対的過剰人口が資本にとっての「産業予備軍」になると書いているのだが、この「産業予備軍」という用語は、エンゲルスが『イギリスにおける労働者階級の状態』で用いた「失業予備軍」にもとづいている。まず『資本論』におけるマルクスの記述から確認しておこう。

しかし、過剰労働者人口が蓄積の、言い換えれば資本主義的基礎の上での富の発展の必然的な産物だとすれば、逆にまたこの過剰人口は、資本主義的蓄積のテコに、じつに資本主義的生産様式の一つの存在条件になるのである。それは自由に利用されうる産業予備軍（industrielle Reservearmee）を形成するのであって、この予備軍は、まるで資本が自分の費用で育て上げたものででもあるかのように、絶対的に資本に従属しているのである。（全集版『資本論』第一巻、

八二三頁）

次にエンゲルスの『イギリスにおける労働者階級の状態』での記述を見てみよう。

以上のことから、繁栄の絶頂に達した短期間をのぞき、常にイギリスの工業は、ちょうど最も活況を呈する数ヵ月間に市場で要求される商品量を生産することができるように、労働者の失業予備軍（unbeschäftigte Reserve）を持っていなければならない、という結論が出てくる。この予備軍は、市場の状態がその一部をより少なく雇用するか、より多く雇用するかに応じて、あるいは多くなったり、あるいは少なくなったりする。そして、市場が繁栄の絶頂にあるときには、少なくとも一時的には、農業地方やアイルランドや、好況の波がそれほど押し寄せていない労働部門がある程度の労働者数を供給することができるにしても、これらの労働者は、一方ではその数が少ないし、他方では同じように予備軍に属するのであって、ただ違う点といえば、彼らも予備軍に属しているということが、好景気がやって来るたびにはじめてわかることぐらいである。……この予備軍は、恐慌の時には驚くほどの多数にのぼり、繁栄と恐慌の中間と目される時期にも相変わらずかなりの多数に達する——この予備軍こそ、イギリスの「過剰人口」であって、彼らは乞食や、盗みをしたり、道路掃除や、馬糞拾いや、手押し車かラバによる荷運びや、呼び売りの行商や、時たまありつく個々のつまらない仕事をしたりして、やっとのことでみすぼらしい暮しを立てている。（邦訳『マルクス・エンゲルス全集』第二巻、三一五

〜三一六頁）

このようにエンゲルスは、資本主義は常にこの種の「失業予備軍」という「過剰人口」を備えていなければならないことをきわめて的確かつ具体的に指摘している。マルクスの「産業予備軍」概念がここでのエンゲルスの叙述に基づいていることは明らかである。

したがって、マルクスが『資本論』で最初に「産業予備軍」について触れた時に、当然にも理論的先行者としてこのエンゲルスの著作を挙げ、その該当箇所を引用するか指示するべきだったろう。『資本論』においてマルクスは理論的先行者に言及するという規範をかなり厳格に実行しているのだから、なおさらである。なぜマルクスはそうしなかったのだろうか?

エンゲルスはこのことが少し不満だったのか、後の『空想から科学へ』の中でわざわざ、「産業予備軍」という用語（より正確には「失業予備軍」だが）を自分が一八四五年の著作の中ですでに用いていたことにあえて触れている。

　機械が採用され増大するということは、数百万の手工業労働者が少数の機械労働者によって駆逐されることを意味するが、他方、機械が改良されるということは、機械労働者それ自体がますます駆逐されてゆくことを意味し、結局は、資本の平均的な雇用需要を超えるある数の待機中の賃金労働者、私がすでに一八四五年に使った呼び名で言えば、本来の産業予備軍がつくり出されるということを意味する。この産業予備軍は、産業の好況期にはすぐに間にあい、

続いて必ずやってくる恐慌によって街頭に放り出される。(邦訳『マルクス・エンゲルス全集』第一九巻、二二四頁)

ちなみに、この『空想から科学へ』のフランス語版序文(一八八〇年)はマルクスによって書かれているのだが、その中で『イギリスにおける労働者階級の状態』にも触れられており、同書に対するマルクスの最晩年の評価を知ることができる。

エンゲルスは、その当時マンチェスターに住んでおり、同地で『イギリスにおける労働者階級の状態』(一八四五年)を(ドイツ語で)書いた。これはマルクスが『資本論』で高い評価を与えている重要な著作である。(マルクス「『空想から科学へ』フランス語版へのまえがき(一八八〇年)」、邦訳『マルクス・エンゲルス全集』第一九巻、一八一頁)。

正確には、エンゲルスはマンチェスターで書いたのではなく、故郷のバルメンに帰ってから同書を書いたのだが、いずれにせよ最晩年にいたるまで同書へのマルクスの評価は高かったと言えるだろう。またその評価基準が自分の書いた『資本論』で与えた「高い評価」であることも興味深い。明らかにマルクスは、当時はほとんど知られていなかった(とくにドイツ以外では)この重要著作の存在を『資本論』であえて頻繁に言及することで、そしてそのことをこの「フランス語版序文」でも触れることで、その理論的復権を企図していたのである。それだけに、相対的過剰人口論におけるマルクスの沈黙が解せないのだ。

相対的過剰人口の三つの類型論とエンゲルス

『資本論』の「産業予備軍」概念がエンゲルスの著作の「失業予備軍」概念にもとづいていることは、比較的多くの人が論じており、かなりよく知られた事実に属することだと思われるが[6]、あまり論じられていないのは、『資本論』で展開された相対的過剰人口の三つの類型についてもすでに事実上エンゲルスが論じていたことである。周知のように、マルクスは『資本論』において相対的過剰人口を三つの類型に分けて論じている。「流動的過剰人口」と「潜在的過剰人口」と「停滞的過剰人口」の三つである。エンゲルスは、すでに引用した「失業予備軍」に関する叙述の中で、事実上、この三つの過剰人口すべてに触れている。

まず、市場の状態や景気変動で多くなったり少なくなったりするのは典型的な「流動的過剰人口」であろう（もっとも『資本論』の「流動的過剰人口」はそれとは多少異なるタイプを念頭に置いているのだが）。また、「農業地方やアイルランド」にいる労働者、あるいは「好況の波がそれほど押し寄せていない労働部門」にいる労働者は、好況時にはとくに繁栄している部門に労働力を供給し、「同じように予備軍に属するのであって、ただ違う点といえば、彼らも予備軍に属しているということが、好景気がやって来るたびにはじめてわかる」というのだから、これは明らかに「潜在的過剰人口」のことである。さらに、好景気でない時には「道路掃除や、馬糞ひろいや、手押し車かラバによる荷運びや、呼売りの行商や、時たまありつく個々のつまらない仕事」でぎりぎりの生計を立てている半失業者は典型的な「停滞的過剰人口」であろう。
つまりエンゲルスは単に産業予備軍の存在を指摘しているという水準にとどまらず、理論的に、過剰人口の三つの存在形態についてすでに指摘していたのである。マルクスの三つの類型論がここでのエンゲルスの分析にもとづいていることは明らかだろう。
いつもながら慧眼なレーニンは、かなり初期の文献においてすでに、エンゲルスの「産業予備軍」概念の先駆性に注目しただけでなく、エンゲルスの先の文章（「以上のことから」で始まる一文）を引用しつつ、その中に潜在的過剰人口の類型も含まれていることに正しく注目している。

注意すべき重要なことは、一時的に工業に転じる農業人口部分を予備軍のうちに入れていることである。これがすなわち、最近の理論が過剰人口の潜在的形態と呼ぶところのものである。(レーニン「経済学的ロマン主義の特徴づけによせて」、邦訳『レーニン全集』第二巻、大月書店、一六六頁)。

しかし実際には、潜在的過剰人口だけでなく、残り二つを含む三つの類型すべてについてエンゲルスは事実上指摘していたのである。

「潜在的過剰人口」論とエンゲルスⅠ

だが、『資本論』の過剰人口論へのエンゲルスの貢献はこれにとどまらない。ほとんどの人に知られていないのは、このマルクスの三つの類型の中で最も理解しにくい「潜在的過剰人口」論が、その用語も含めて全面的にエンゲルスの議論にもとづいていることである。まず、マルクスの「潜在的過剰人口」についての記述を引用しておこう。

資本主義的生産が農業を占領するやいなや、または占領する程度に応じて、農業で機能する資本が蓄積されるにつれて、農村労働者人口に対する需要は絶対的に減少するのであるが、ここでは、農業以外の産業の場合とは違って、労働者人口の排出がそれよりも大きな吸引によって埋め合わされることはないであろう。それゆえ、農村人口の一部分は絶えず都市プロレタリアートまたは工業《マニュファクチュア》プロレタリアートに移行しようとしていて、この転化に有利な事情を待ちかまえている（工業《マニュファクチュア》はここではすべての非農業的産業を意味する）。だから、相対的過剰人口のこの源泉からは絶え間なく〔過剰人口が〕流れ出ている。しかし、諸都市へのその絶え間ない流れは、農村そのものに絶えず潜在的過剰人口（latente Übervölkerung）が存在することを前提しているのであって、この過剰人口の大きさは、ただ排水溝が特別に広く開かれるときだけ目に見えるようになる。それゆえ、農村労働者は、賃金の最低限度まで押し下げられ、片足はいつでも受給貧民の泥沼に突っ込んでいるのである。（全集版『資本論』第一巻、八三六〜八三七頁）

見られるように、マルクスはここで農村労働者に対象を絞って潜在的過剰人口を規定している。『資本論』のもっと後の箇所ではアイルランド移民についても詳しく述べられているので、エンゲルスと同じくアイルランド移民も潜在的過剰人口の一形態とみなしていたと推測しうるが、潜在的過剰人口について定義しているこの場面では農業部門に限定している。それはさておき、次にエンゲルスの叙述を見てみよう。先に引用した文章でもすでに潜在的過剰人口に触れられていたが、その少し後の箇所では、とくに農業部門における「潜在的過剰人口」に焦点を当ててより詳しく論述されている。

プロレタリアートの成立直後の時期には、同じころ工業では破壊されつつあった家父長制的関係が、ここ農業では発達した。これは、ドイツで今なおほとんどいたるところに存続しているのと同じような、借地農のその小作人に対する関係である。この関係が存続していたあいだは、労働者のあいだの窮乏は比較的軽く、またまれにしか現われなかった。小作人は借地農と運命をともにし、最悪の非常の場合にしか解雇されなかった。しかし、今では事情が違っている。被用者は、そのほとんどすべてが日雇労働者であって、彼らは、借地農が必要とするときに雇われるのである。だから彼らは、しばしば何週間も、ことに冬になると、まったく仕事のないことがある。家父長制的な関係のもとでは、小作人とその家族は借地農の農場内に住み、その子供たちもそこで成長した。したがって当然のことながら借地農は、成長した子供たちを自分の農場で使おうとしたし、日雇労働者は例外であって原則ではなかったから、どの農場においても、厳密にいって必要以上の多数の労働者がいたのである。だから、この関係を解体し、小作人を農場から追いだし、彼らを日雇労働者に変えることは、やはり借地農の利益であった。こうした変化は、今世紀の二〇年代末ごろに、かなり一般的に起こった。そしてその結果、物理学の言葉を使えば、これまで潜在的（latent）であった過剰人口が今では解放され、賃金が押し下げられ、救貧税は法外に高くなった。（邦訳『マルクス・エンゲルス全集』第二巻、四九五～四九六頁）

ここで言われている「借地農」とは土地所有者から土地を借りて資本主義的に農業を行なう借地農業者のことである。さて、両方の記述を読めば、『資本論』における潜在的過剰人口論がほぼ全面的に、ここでのエンゲルスの記述にもとづいており、その簡略化された繰り返しであることがわかるだろう。その最後の文言までがそっくりだ！『資本論』：「賃金の最低限度まで押し下げられ、片足はいつでも受給貧民の泥沼に突っ込んでいる」。『労働者階級の状態』：「賃金が押し下げられ、救貧税は法外に高くなった」。そしてそれだけでなく、「潜在的（latent）」という用語も同じである。明らかに、マルクスは自己の「潜在的過剰人口」論を、その内容も用語もエンゲルスの著作のこの箇所から学んだのである。

「潜在的過剰人口」論とエンゲルスⅡ

しかも、マルクスの記述では説明不足すぎて理解しにくかった点が、このエンゲルスのより詳しい記述でははっきりと説明されている。

まずもって、マルクスの記述では、どうして農村における農業労働者が都市の工業にとって「潜在的」な過剰人口になるのか、なぜ農村部に「過剰な」人口が潜在的に存在しているのかが、具体的に何も説明されていない。ところが、エンゲルスの説明ではそれは明快である。すなわち、農村部では、資本主義が成立し始めた最初の頃は、都市ではすでに解体していたパターナリスティックな関係がまだ残っていた。そのため借地農（資本家）は農閑期においても労働者を解雇せずにそのまま自分の土地に住まわせていたし、その子供も大きくなってから自分の農場で雇っていた。それゆえ、「どの農場においても、厳密にいって必要以上の多数の労働者がいた」わけである。ところが、農村部でも資本主義的関係が発展してくると、このようなパターナリスティックな関係もしだいに解体されていき、農業労働者は単なる日雇い労働者となり、農閑期には解雇され、都市で工業プロレタリアートにならざるをえなくなるのである。以上の説明であれば、どうして農村部の農業労働者が都市の工業にとっての「潜在的過剰人口」になるのかがはっきりとする。

さらに、マルクスは先に引用した箇所で「ここでは、農業以外の産業の場合とは違って、労働者人口の排出がそれよりも大きな吸引によって埋め合わされることはないであろう」と書いているのだが、ここでもいっさいその理由が説明されていない。そう断言されているだけである。ところがこの点に関してもエンゲルスの著作を読めば明らかとなる。エンゲルスは少し後の箇所で次のように述べている。

しかし、農業がその安定性を保っていた期間が長ければ長いほど、今では、それだけいっそう重い負担が労働者の上にのしかかり、古い社会的連関がそれだけいっそう暴力的に解体されたのである。「過剰人口」は、突然その姿を現わしたが、工業地方の場合のように、生産の増大によって取り除くことはできなかった。新しい工場は、その生産物に対する買い手がありさえすればいつでも建設することができたが、新しい土地をつくり出すことはできなかったからである。(同前、四九六頁)

つまり農村部においては、都市部とは違って、農業用の肥沃な土地を工場のように簡単につくり出すことができないのであり、だからこそ、農村では労働者人口の排出が吸引によって埋め合わせられないのである。

以上見たように、マルクスの「潜在的過剰人口」論はまさにエンゲルスの著作での記述に全面的にもとづいていて、エンゲルスの議論の著しく簡略化された繰り返しであることがわかる。そして簡略化しすぎたために、その具体的因果関係がいささか理解しがたいものになってしまっている。明らかにマルクスはここに注を振って、エンゲルスの著作の該当箇所を引用するか、せめて頁数で指示しておくべきであったろう。それは単に、学術的により適切というだけでなく、ここでのマルクス自身の不十分な説明を理解するうえでも不可欠だった。それを怠った理由はまったく不明である。

以上、エンゲルスの『イギリスにおける労働者階級の状態』が単に詳細な実体分析を提供しているだけでなく、『資本論』のいくつかの重要論点に直接的な理論的影響を与え、その基礎となっていることが明らかになった。このことを公正に指摘することは、エンゲルスの名誉のためというだけでなく、『資本論』の理解にとっても必要だろう(7)。最後に、エンゲルスが『イギリスにおける労働者階級の状態』に書き記したみずみずしく熱烈な、そして今日でもその輝きを失っていない言葉を引用して本稿の締めくくりとしよう。

労働者は、支配階級に対して怒りを感じているあいだだけ人間である。労働者が、自分たちを縛りつけている首かせを辛抱づよく我慢し、その首かせを自分で壊そうとせずに、ひたすら首かせをされたままで生活を快適にしようとしはじめると、労働者はたちまち動物になる。(邦訳『マルクス・エンゲルス全集』第二巻、三四六頁)

諸階級はますます鋭く分裂し、反抗の精神はますます労働者に浸透し、憤激は高まり、個々のゲリラ的な小ぜりあいは集中し、より重大な戦闘とデモンストレーションになる。そして、やがて雪崩を動かすためには小さな衝撃で十分になるだろう。そのときにはもちろん、あの鬨の声が全国に響きわたるだろう――「宮殿には戦争を、あばら屋には平和を！」(同前、五三四頁)

注

(1)『イギリスにおける労働者階級の状態』が書かれた当時の社会的・思想的背景とその後の反響については、以下の文献が非常にわかりやすくて参考になる。浜林正夫・鈴木幹久・安川悦子『古典入門エンゲルス「イギリスにおける労働者階級の状態」』学習の友社、一九九五年。エンゲルスがイギリスだけでなく、ドイツに関しても労働者階級の状態に関する同様の情報・資料を集めようとしていたことは、エンゲルスが一八四五年一月にヘスとともに執筆した「『ゲゼルシャフツシュピーゲル』誌の読者と寄稿者へ」に見出すことができる（邦訳『マルクス・エンゲルス全集』補巻一、大月書店、五六九頁以下）。

(2) エンゲルスは後年、『哲学の貧困』ドイツ語版の原注において、マルクスが同書で「賃金の最低限」説を採っていることに触れ、この説が自分の「国民経済学批判大綱」と『イギリスにおける労働者階級の状態』において唱えられたものであり、マルクスもそれに影響されたかのように述べているが（邦訳『マルクス・エンゲルス全集』第三巻、八一頁）、これは、マルクスの「誤り」を自分のせいにしようとする「過剰な謙虚さ」から出たものであろう。

(3) たとえば、長時間労働の問題を各所で論じているだけでなく、それを過剰人口創出の一手段としても位置づけていること（邦訳『マルクス・エンゲルス全集』第二巻、三二一頁）、労働日の延長問題だけでなく労働強度についても随所で論じていること（マルクスが労働強度に本格的に注目するのはようやく一八六一～六三年草稿においてである）、さらには、アメリカの工業的発展がいずれイギリスの産業的独占を打ち破るだろうという実に先見的な予測をしていること（同前、五三〇頁）、当時の社会主義者のあいだでは否定的に評価されがちであった労働組合の進歩的・階級的役割を正しく評価していること、等々、等々である。これだけを見ても、『イギリスにおける労働者階級の状態』を単に当時における労働者の悲惨な状況を報告しただけの実証的な著作だとみなすよくある見方がいかに皮相なものであるかがわかるだろう。

(4) この問題については、エリック・ホブズボームの『イギリス労働史研究』(ミネルヴァ書房、一九六五年)を参照せよ。

(5) よく知られているように、マルクスは「要綱」を執筆する直前に「ヘーゲルの『論理学』をもう一度ぱらぱらめくってみた」ことが「方法の点」で「大いに役立った」とエンゲルスへの手紙の中で書いている(邦訳『マルクス・エンゲルス全集』第二九巻、大月書店、二〇六頁)。これとちょうどパラレルな関係にあるのが、一八六一〜六三年草稿執筆の直前にエンゲルスの著作を読んだことである。どちらも、その後の草稿の叙述や理論的展開に大きな影響を与えた。しかしその方向は正反対であった。「要綱」執筆の直前にヘーゲルの『論理学』を読み直したことが「要綱」の哲学的で抽象的な叙述に影響を与えたように(だが、資本のシステムの全体像をつかむための最初の草稿としては、このような過度に抽象的で論理学的な叙述の仕方も必要なものだった)、一八六一〜六三年草稿執筆の前年にエンゲルスの著作を読み直したことは、逆に叙述の脱哲学化と具体化をもたらしたと言える。全体像を論理的・抽象的につかんだ後では、それをより現実的かつ具体的に再把握する必要があった。そのような「方法の点」で、エンゲルスの著作もまた「大いに役立った」のである。マルクスはその後、ここでの再転換の方向を変えることはなく、むしろいっそう進化させていき、それが最終的に『資本論』へと結実する。そして、この立場は単に理論的著作における一観点にとどまるのではなく、実践的な意味でも、国際労働者協会(第一インターナショナル)の一大事業として労働者自身による「労働者階級の状態」の国際的調査という構想へとつながっていくのである(マルクス『資本と賃労働／賃金・価格・利潤』光文社古典新訳文庫、二〇一四年、二五六頁以下）。

(6) たとえば、不破哲三氏は、『資本論』の「産業予備軍」概念が『労働者階級の状態』における「失業予備軍」概念にもとづいていることを指摘している（不破哲三『エンゲルスと「資本論」』上、新日本出版社、一九九七年、六〇～六二頁）。

(7) 『初版資本論』『第二版資本論』『フランス語版資本論』を翻訳した人物として有名な江夏美千穂氏は、初版『資本論』における「資本主義的蓄積一般的法則の例解」がエンゲルスの『イギリスにおける労働者階級の状態』を引き継ぐものであることを正しく指摘しつつも、その一方で、「『初版』〔初版『資本論』〕は、たんに例証だけの『労働者階級の状態』とはちがって理論的展開をも含む」と述べている（江夏美千穂「『資本論』と絶対的窮乏化論――エンゲルスとのかかわりを中心として」、杉原四郎・降旗節雄・大藪龍介編『エンゲルスと現代』御茶の水書房、一九九五年、二〇〇頁。傍点は引用者）。このような評価がまったく一面的なものであるのは言うまでもない。エンゲルスを高く評価することに関しては日本のマルクス主義者の中で人後に落ちない廣松渉氏の『エンゲルス論』も、『労働者階級の状態』は「マンチェスター時代に定立された提題を再確認するものではあっても、特に新しい思想を打ち出してはいない」と述べている（廣松渉氏の『エンゲルス論』ちくま学芸文庫、一九九四年、二八八頁）。このような一面的評価は、経済学的著作に対する哲学的アプローチの限界をよく示している。

■著者　森田　成也（もりた　せいや）

大学非常勤講師

【主な著作】『資本主義と性差別』（青木書店）、『資本と剰余価値の理論』『価値と剰余価値の理論』（いずれも作品社）、『家事労働とマルクス剰余価値論』（桜井書店）、『マルクス経済学・再入門』（同成社）

【主な翻訳書】デヴィッド・ハーヴェイ『新自由主義』『<資本論>入門』『資本の<謎>』『反乱する都市』『コスモポリタニズム』『<資本論>第二巻・第三巻入門』（いずれも作品社、共訳）、トロツキー『わが生涯』上（岩波文庫）、『レーニン』『永続革命論』『ニーチェからスターリンへ』、マルクス『賃労働と資本／賃金・価格・利潤』『「資本論」第一部草稿――直接的生産過程の諸結果』（いずれも光文社古典新訳文庫）、他多数。

ラディカルに学ぶ『資本論』

2016年9月30日第1刷発行　定価2300円＋税

著　者　森田　成也

発　行　柘植《つげ》書房新社

〒113-0033　東京都文京区本郷1-35-13

TEL 03(3818)9270　FAX 03(3818)9274

http://www.tsugeshobo.com

郵便振替 00160-4-112272

印刷・製本　創栄図書印刷株式会社

装　丁　犬塚　勝一

乱丁・落丁はお取り替えいたします。ISBN978-4-8068-0687-5　C0030

21世紀マルクス主義の模索

ダニエル・ベンサイド著／湯川順夫訳

定価3800円＋税　ISBN978-4-8068-0625-7

序章　複数のマルクス主義─その過去・現在・未来／第1章　過ぎ去った20世紀とロシア十月革命の輝き／第2章　21世紀の世界を変革するマルクス主義の理論と戦略／第3章　新自由主義グローバリゼーションと世界の再植民地化／第4章　フランス反資本主義新党への挑戦／終章　共産主義の力

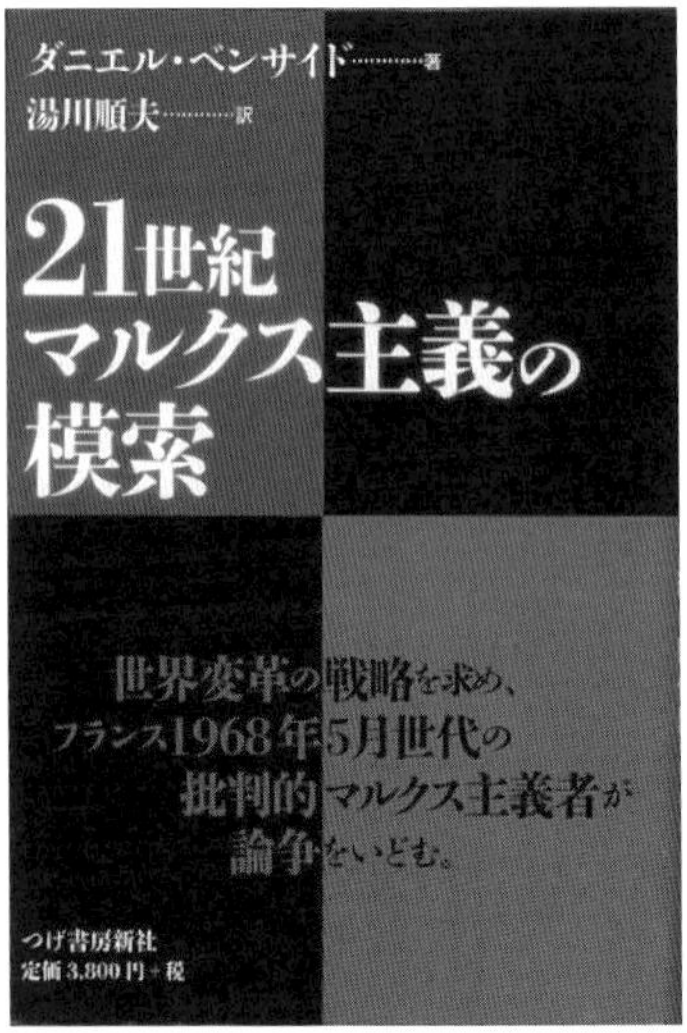

マルクス［取扱説明書］

ダニエル・ベンサイド著／シャルブ絵／湯川順夫・中村富美子・星野秀明訳

定価3200円＋税　ISBN978-4-8068-0647-9

マルクスを読まず、読み返さず、マルクスを論じたりもしないとすれば、それはやはり間違いであろう。そうした態度をとるとすれば、それは、理論的、哲学的、政治的責任に背くよりひどい間違いとなろう──ジャック・デリダ

台頭する中国
その強靭性と脆弱性

區龍宇著／（寄稿）白瑞雪／ブルーノ・ジュタン／ピエール・ルッセ
寺本勉・喜多幡佳秀・湯川順夫・早野一訳
定価4600円＋税　ISBN978-4-8068-0664-6
第1部　中国の台頭とそこに内在する矛盾／第2部　中国のにおける労働者農民の抵抗闘争／第3部　中国における新自由主義と新左派／第4部　中国共産党の台湾・チベット・新疆ウイグル政策

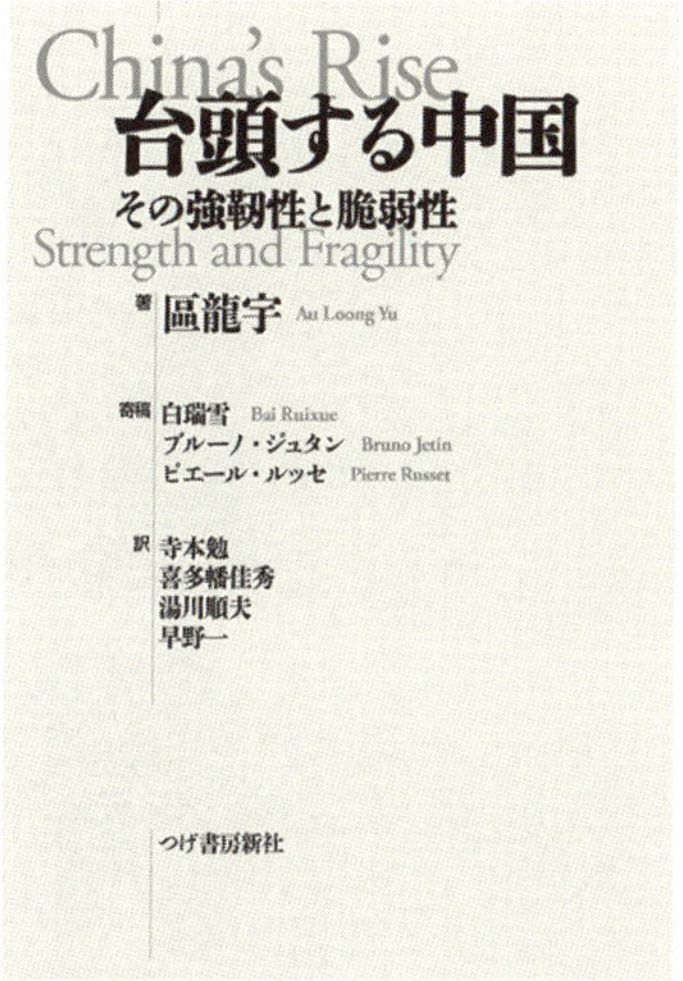

香港雨傘運動
プロレタリア民主派の政治論評集

區龍宇著／早野一編訳
定価3700円＋税　ISBN978-4-8068-0678-3
雨傘運動の意義の一つは、何か問題を解決したというところにあるのではなく、二一世紀の中国と香港の新しい構造およびその矛盾と問題のすべてを提示したというところにある。（本書より）